Ich und meine große Klappe

Die Antwort befindet sich direkt unter deiner Nase

Joyce Meyer

Copyright © 1997 by Joyce Meyer
Originally published in English by
Harrison House, Inc.
P.O. Box 35035
Tulsa, Oklahoma 74153
USA
under the title:
Me and My Big Mouth by Joyce Meyer

© Alle Rechte der deutschen Ausgabe bei:

Adullam Verlag
St.-Ulrich-Platz 8
85630 Grasbrunn

ISBN 3-931484-26-2

Bestellungen an oben stehende Adresse richten.

1. Auflage, Mai 2002

Available in other languages from:
Access Sales International (ASI)
P.O. Box 700143
Tulsa, OK 74170-0143
USA
Fax 001-918-496-28822

Alle Bibelzitate wurden, wenn nicht anderweitig gekennzeichnet,
direkt aus der englischen *Amplified Bible* übersetzt.

Nachdruck, auch auszugsweise, nur mit schriftlicher Genehmigung des Verlags.

Übersetzung: Ruth Selg
Umschlag: Anne Dittrich, Druckerei Mißbach
Satz und Umbruch: Adullam Verlag
Druck: Holzmann Druck, Bad Wörishofen
Lektorat: Stefanie Ecker M.A., Caroline Laube

Inhaltsverzeichnis

Einführung 5
1 Lerne Gottes Sprache zu sprechen 7
2 Die Auswirkung von Worten im natürlichen Bereich 17
3 Sprich über Dinge, die nicht sind, so als wären sie da 25
4 Sprich prophetisch über deine Zukunft 37
5 Wie werde ich Gottes Sprachrohr? 51
6 Beklage dich und bleibe stehen, lobe Gott und lass dich erheben 57
7 Auf die andere Seite übersetzen 79
8 Ist dein Mund erlöst? 95
9 Zum Fasten gehört auch der Mund 105
10 Der verleumderische Mund 113
11 In Ungeduld und Zorn geäußerte Worte ziehen Probleme nach sich 127
12 Sprich nichts Böses 145
13 Eine besänftigende Zunge 163
Schlusswort 181
Bibelstellen zum Thema „Mund" 183
Anmerkungen 205
Bibliografie 207
Über die Autorin 209

Lieber Leser, liebe Leserin

die meisten Bibelstellen in diesem Buch wurden von uns direkt aus der englischen *Amplified Bible*, der so genannten erweiterten Bibel, übersetzt. Wir haben uns zu diesem Schritt entschlossen, um dem Leser all die wertvollen und interessanten zusätzlichen Bedeutungsnuancen zu erschließen, die in den angeführten Bibelstellen verborgen sind. Die Botschaft dieses Buches soll auf diese Weise unverfälscht weitergereicht werden. Um dem Leser das Nachschlagen von Bibelstellen in deutschen Bibelübersetzungen zu erleichtern, entsprechen die Quellenangaben nicht der Zählweise des englischen Originals, sondern der deutschen.

Wir hoffen, dass dich dieses Buch beim Lesen genauso segnet wie uns.

Adullam Verlagsteam

Einführung

... Aber wir haben den Sinn Christi, des Messias, und haben die Gedanken (Gefühle und Ziele) seines Herzens in uns.

1. Korinther 2, 16

Als Gläubige müssen wir die Seele verstehen und uns darin üben, ihre Handlungen unterscheiden zu lernen. In diesem Buch wird die Seele definiert als der Sitz des Verstandes oder Intellekts, des Willens und der Gefühle. Da die Seele voll von Ichsucht ist, kann und muss sie gereinigt und als Gefäß zum Gebrauch für den Herrn zubereitet werden (siehe 2. Tim. 2, 21).

Unser Mund drückt das aus, was wir denken, fühlen und wollen. Unser Verstand sagt uns, was wir denken und nicht unbedingt, was Gott denkt. Unser Wille sagt uns, was wir wollen, nicht, was Gott will. Und unsere Gefühle sagen uns, was wir fühlen, nicht, was Gott fühlt. Wenn unsere Seele gereinigt wird, wird sie dafür zubereitet, Gottes Gedanken, Wünsche und Gefühle zu tragen; dann werden wir ein Sprachrohr für den Herrn!

Das Wort Gottes lehrt uns in 1. Korinther 2, 16, dass wir den Sinn Christi empfangen und dass wir die Gedanken, Gefühle und Ziele seines Herzens in uns haben. Wir haben sie in uns, aber die nicht gekreuzigte Seele hindert sie am Hervortreten. Es ist ein ständiger Kampf zwischen dem Fleisch und dem Geist. Leib und Seele bilden zusammen das, was die Bibel „Fleisch" nennt. Deshalb gebrauche ich die beiden Ausdrücke „Seele" und „Fleisch" als bedeutungsidentische Wörter.

Der Mensch möchte seine eigenen Gedanken denken, aber Gott möchte den Verstand des Menschen dazu gebrauchen, dass Er seine Gedanken durch uns denkt. Der Mensch möchte das haben, was er will, aber wenn er sich dem Heiligen Geist unterstellt, werden seine Wünsche schließlich in Gottes Wünsche umgewandelt. Der Mensch lebt zum größten Teil nach seinen Gefühlen, die der größte Feind des Gläubigen zu sein scheinen. Man kann üben, die Gefühle unter die Leitung des Heiligen Geistes zu stellen, aber das ist ein Prozess, der Zeit und Fleiß erfordert.

Ich und meine große Klappe

Dieses Buch handelt von unserem Mund, und wie ich schon andeutete, redet unser Mund entweder die Dinge des Fleisches oder des Geistes. Er kann dazu gebraucht werden, Gottes Wort auszudrücken, oder er kann ein Gefäß dafür sein, das Werk des Feindes auszudrücken. Ich kann mir nicht vorstellen, dass irgendein Kind Gottes als Sprachrohr für den Teufel gebraucht werden möchte, aber bei vielen ist das so.

In Sprüche 18, 21 heißt es: „Tod und Leben stehen in der Macht der Zunge, und die, die sie gewähren lassen, werden die Frucht davon [von Tod oder Leben] essen." Es gibt kein Thema in der Bibel, das wir ernster nehmen sollten als den Mund. Er kann dazu benutzt werden, sowohl Segnungen als auch Zerstörungen hervorzubringen, und zwar nicht nur in unserem eigenen Leben, sondern auch im Leben vieler anderer.

Über den Mund sind zahlreiche ausgezeichnete Bücher geschrieben worden. Ich muss zugeben, als Gott mir den Wunsch ans Herz legte, ein Buch über dieses Thema zu schreiben, dachte ich: „Wozu? Was kann ich sagen, was nicht schon darüber gesagt worden ist?" Aber ich glaube, dass Gott ein solches Buch geschrieben haben möchte, und ich glaube, dass es für das Leben all derer, die es lesen, genau zum richtigen Zeitpunkt kommt.

Ich bete, dass die Salbung des Heiligen Geistes in einer kraftvollen Weise auf diesem Buch liegt und zu Offenbarung, Überführung und Buße führt. Ich bete, dass durch das Lesen dieses Buches erneut der Wunsch in deiner Seele entflammen wird, ein Sprachrohr Gottes zu sein.

1
Lerne Gottes Sprache zu sprechen

Und Jesus antwortete und sprach zu ihm: Habt (anhaltenden) Glauben an Gott. Wahrlich, ich sage euch: Wer zu diesem Berg sagt: Erhebe dich und wirf dich ins Meer! und in seinem Herzen nicht zweifelt, sondern glaubt, dass das, was er sagt, geschehen wird, dem wird es geschehen.
Markus 11, 22–23

Hast du Probleme? Die Antwort darauf befindet sich direkt unter deiner Nase, zumindest ein Großteil davon. Ich glaube nicht, dass irgendjemand ein siegreiches Leben führen kann, ohne dass er gut über die Macht, die Worte haben können, informiert ist. Wenn wir in unserem Leben Bergen gegenüberstehen, sprechen wir gewöhnlich *über* sie, aber Gottes Wort lehrt uns, *zu* ihnen zu sprechen, wie wir den Worten Jesu aus der oben genannten Bibelstelle entnehmen können.

Sprichst du *über* deine Berge oder *zu* deinen Bergen?

Wenn Jesus sagt, dass wir im Glauben zu unserem Berg sprechen und ihm gebieten sollen, sich zu erheben und sich ins Meer zu werfen, dann ist das wirklich eine radikale Aussage, die es wert ist, näher betrachtet zu werden.

Zunächst einmal, was sollen wir zu den Bergen in unserem Leben sagen? Es ist offensichtlich, dass wir ihnen nicht unseren Willen entgegenschleudern sollen, sondern den Willen Gottes, und sein Wille ist sein Wort.

Als Jesus in Lukas 4 von Satan in der Wüste versucht wurde, antwortete Er auf jede Versuchung mit dem Wort Gottes. Er sagte immer wieder: „Es steht geschrieben …" und zitierte Bibelstellen, die die Lügen und Täuschungen des Teufels auf direkte Weise konfrontierten.

Ich und meine große Klappe

Wir neigen dazu, dies eine Weile „auszuprobieren", und wenn wir keine schnellen Ergebnisse sehen, richten wir nicht mehr das Wort Gottes auf unsere Probleme, sondern sprechen wieder unsere Gefühle aus, obwohl es genau das ist, was uns anfangs in Schwierigkeiten gebracht hat.

Ein Steinmetz schlägt vielleicht 99 Mal mit dem Hammer auf einen Steinbrocken und es gibt keinerlei Anzeichen dafür, dass der Stein zerbricht. Dann, beim 100sten Mal, birst er entzwei. Jeder Schlag hat den Stein geschwächt, auch wenn dies durch keine äußeren Anzeichen sichtbar war.

Ausdauer ist ein wichtiges Bindeglied zum Sieg. Wir müssen wissen, was wir glauben, und entschieden sein, dabei zu bleiben, bis wir Ergebnisse sehen.

Gehorsam und Vergebung sind genauso wichtig wie Glaube und Ausdauer

Deshalb sage ich euch: Worum ihr auch immer in eurem Gebet bittet, glaubt – vertraut und habt Zuversicht –, dass ihr es bekommt, und es wird [euch werden]. Und wenn ihr steht und betet, wenn ihr etwas gegen jemanden habt, dann vergebt ihm und lasst es fallen – verlasst es, lasst es los –, damit euer Vater, der im Himmel ist, euch eure [eigenen] Verfehlungen und Übertretungen vergibt und sie fallen lässt. Aber wenn ihr nicht vergebt, dann wird auch euer Vater im Himmel euch eure Verfehlungen und Übertretungen nicht vergeben.
Markus 11, 24–26

Um sicher zu gehen, dass wir in dieser Lehre ausgewogen sind, möchte ich sagen, dass es kraftvoll und für ein Leben als Überwinder absolut notwendig ist, Gottes Wort zu proklamieren. Dies ist jedoch nicht die einzige Lehre im Wort Gottes.

Gehorsam ist zum Beispiel genauso wichtig. Wenn jemand denkt, er könne im Ungehorsam leben und trotzdem Gottes Wort zu seinen Bergen sprechen und damit Ergebnisse erzielen, dann wird er leider enttäuscht werden, wie Jesus im oben genannten Abschnitt deutlich macht.

Lerne Gottes Sprache zu sprechen

Markus 11, 22–26 muss im Ganzen betrachtet werden. In Vers 22 sagte Jesus, dass wir anhaltenden Glauben an Gott haben sollen. In Vers 23 sprach Er darüber, dass wir Glauben freisetzen, indem wir zu unseren Bergen sprechen. In Vers 24 sprach Er über Gebet und darüber, wie wichtig es ist, Gebete voller Glauben zu beten. In Vers 25 gebot Er uns zu vergeben. Und in Vers 26 bringt Er unverblümt zum Ausdruck, dass uns unser Vater im Himmel unsere Verfehlungen und Übertretungen auch nicht vergeben wird, wenn wir nicht vergeben.

Es liegt keine Kraft darin, zu einem Berg zu sprechen, wenn unser Herz voller Unvergebenheit ist. Doch dieses Problem ist bei Kindern Gottes häufig anzutreffen. Viele der Menschen, die Christus als ihren persönlichen Retter angenommen haben, verfallen dem Trugschluss des Versuchs, eines der Prinzipien Gottes umzusetzen und dabei ein anderes völlig außer Acht zu lassen.

Gehorsam ist ein wesentliches Thema der Bibel. Viele von uns führen wegen Ungehorsam ein chaotisches Leben. Ungehorsam kann aus Unwissenheit oder Rebellion herrühren, aber der einzige Weg aus diesem Chaos ist, Buße zu tun und umzukehren zu Unterordnung und Gehorsam.

Beachte die „Wenn" und „Aber"

Und es wird geschehen, wenn *du der Stimme des Herrn, deines Gottes, genau gehorchst, daß du darauf achtest, all seine Gebote zu tun, die ich dir heute befehle, dann wird der Herr, dein Gott, dich als höchste über alle Nationen der Erde stellen. Und alle diese Segnungen werden über dich kommen und werden dich erreichen,* wenn *du der Stimme des Herrn, deines Gottes, gehorchst.*

5. Mose 28, 1–2 (*Elberfelder*)

Bitte beachte das „wenn" in diesem Abschnitt. Sehr oft lassen wir die Wörter *wenn* und *aber* beziehungsweise *sondern* in der Bibel außer Acht. Lesen wir zum Beispiel 1. Korinther 1, 9–10:

Gott ist treu – zuverlässig, vertrauenswürdig und [deshalb] seinem Versprechen treu und man kann sich auf ihn verlassen; durch ihn seid ihr berufen zur Gemeinschaft mit

Ich und meine große Klappe

und der Teilnahme an seinem Sohn Jesus Christus, unserem Herrn. Aber ich ermahne euch und bitte euch inständig, Brüder, im Namen unseres Herrn Jesus Christus, dass ihr alle in gänzlicher Harmonie und voller Übereinstimmung seid in dem, was ihr redet, und dass keine Spaltungen oder Teilungen unter euch seien, sondern *dass ihr in demselben Sinn und derselben Meinung und demselben Urteil völlig zusammengefügt seid.*

Wir sehen, dass Gott treu ist, und wir sehen auch, dass wir diese Treue dadurch auf uns ziehen, Ihn mit Gehorsam in unseren Beziehungen zu ehren. Unser Ungehorsam ändert Gott nicht. Er bleibt treu, aber Gehorsam öffnet die Tür für den Segen, der aufgrund Gottes Güte schon da ist, damit er auf uns herabfließen kann.

Meiner Meinung nach wäre dieses Buch eine Tragödie, wenn ich versuchen würde dich zu lehren, dass wir das haben können, was wir sagen, und ich dabei nicht klarstellen würde, dass das, was wir sagen, mit Gottes Wort und seinem Willen in Einklang sein *muss*. „Zu unseren Bergen sprechen" ist keine Zauberformel oder Beschwörung, die wir hervorholen und anwenden, wenn wir in Schwierigkeiten sind oder etwas wollen, um danach mit unserem fleischlichen und ungehorsamen Lebensstil weiterzumachen.

Unmündige Kinder

Aber, Brüder, ich konnte nicht zu euch sprechen wie zu geistlichen [Menschen], sondern wie zu ungeistlichen (Menschen des Fleisches, in denen die fleischliche Natur überwiegt) und wie zu unmündigen Säuglingen [im neuen Leben] in Christus [die noch nicht sprechen können].

1. Korinter 3, 1

Solange wir fleischlich sind, sollten wir hoffen und beten, dass Gott uns Gnade erweist, um nicht das zu bekommen, was wir aussprechen. Wir werden noch viele Dinge sagen, die unser Wille und nicht Gottes Wille sind, einfach weil wir noch nicht wissen, wie wir reden sollen. Das zeigt uns Paulus hier in obigem Abschnitt auf.

Genauso wie Babies erst die Sprache ihrer Eltern sprechen lernen müssen, müssen auch Christen lernen, auf Gottes Weise zu sprechen.

Gottes Sprache sprechen lernen

Denn jeder, der sich weiterhin von Milch ernährt, ist offensichtlich unerfahren und ungeübt in der Lehre der Gerechtigkeit [entsprechend dem göttlichen Willen, was unsere Zielsetzung, unser Denken und Handeln anbelangt] denn er ist ein kleines Kind – und kann noch nicht sprechen! Feste Speise ist aber für erwachsene Menschen, für diejenigen, deren Sinne und Gedanken durch Übung darin trainiert sind, zwischen dem, was moralisch gut und edel ist, und dem, was böse und dem göttlichen oder menschlichen Gesetz entgegengesetzt ist, zu unterscheiden.

Hebräer 5, 13–14

Wir brauchen Zeit dazu, das Wort Gottes und sein Herz kennen zu lernen. Auch wenn vieles in seinem Wort deutlich erklärt ist und Gottes Wille eindeutig zum Ausdruck kommt, gibt es anderes, über das wir unsere eigenen Entscheidungen treffen müssen, weil es nicht schwarz auf weiß dasteht. Wir müssen sein Herz kennen und uns von seinem Geist leiten lassen.

Die Bibel sagt uns nicht, was für ein Auto wir kaufen sollen oder wann wir unser Haus verkaufen und ein anderes erwerben sollen oder für welche Firma wir arbeiten sollen. Wenn wir für ein Unternehmen arbeiten und eine Gehaltserhöhung wollen, dann könnte dieser Wunsch Gottes Wille für uns sein, aber es könnte auch Habsucht sein. Wie können wir den Unterschied herausfinden? Die Antwort heißt: Zeit. Es braucht Zeit, Gott und unser eigenes Herz kennen zu lernen und fähig zu werden, uns und Gott gegenüber ganz ehrlich zu werden. Es braucht Zeit, damit wir die Beweggründe verstehen lernen sowie zu erkennen, ob die eigenen rein sind.

Wenn es dein Wille ist

… ihr habt nicht, weil ihr nicht bittet. [Oder:] Ihr bittet [Gott darum] und empfangt doch nicht, weil ihr in falscher Absicht und aus bösen, selbstsüchtigen Beweggründen heraus bittet. Eure Absicht ist [wenn ihr das bekommt, was ihr wollt], es für eure fleischlichen Gelüste zu verschwenden.

Jakobus 4, 2–3

Ich und meine große Klappe

Ich hörte einmal, dass jemand, der im Glauben wandelt, nie betet, „wenn es dein Wille ist". Es wurde dazu keine weitere Erklärung gegeben und deshalb ging ich als junger Christ mit dieser Aussage bis ins Extrem. Ich hörte auch, dass ich haben konnte, was ich wollte, aber niemand sagte mir, dass ich auch wachsen musste. Vielleicht hat es ja jemand gesagt und ich war so von mir selbst eingenommen, dass ich es nicht gehört habe. Jedenfalls war ich ganz aus dem Gleichgewicht geraten. Was ich wollte, wollte ich, und ich dachte, ich hätte eine neue Möglichkeit gefunden, es zu bekommen. Manches in Gottes Wort ist so deutlich, dass wir nie beten müssen: „Wenn es dein Wille ist." Errettung ist ein gutes Beispiel dafür. In 1. Timotheus 2, 3–4 sagt uns die Bibel, dass es Gottes Wille ist, dass alle Menschen gerettet werden und zu seiner Erkenntnis kommen. Ich würde nie beten: „Lieber Vater im Himmel, ich bitte Dich in Jesu Namen, dass Du _____ errettest, wenn es dein Wille ist." Ich weiß bereits, dass es sein Wille ist, diese Person zu erretten.

In Jakobus 4, 2 heißt es, dass wir nicht haben, weil wir nicht bitten. In Vers 3 steht, dass wir manchmal bitten und trotzdem nicht empfangen, weil wir aus einem falschen Grund und aus bösen, selbstsüchtigen Motiven heraus bitten. Ich gebe zu, dass es manchmal schwer ist, das von uns selbst zu glauben, aber es stimmt trotzdem. Es stimmt vor allem für den Gläubigen, der es nicht zulässt, dass Gottes Reinigungsprozess in seinem Leben stattfindet. In diesem Stadium hat jemand zwar Gott in sich, aber auch sehr viel von „sich selbst". In den Fällen, in denen von dem, worum wir bitten, nicht ausdrücklich in Gottes Wort die Rede ist, und wir nicht genau wissen, ob Gott zu uns darüber gesprochen hat, ist es, denke ich, weise und ein Audruck echter Hingabe, zu beten: „Wenn es dein Wille ist".

Ich erinnere mich an eine Begebenheit vor vielen Jahren, als mein Mann Dave und ich an einem wunderschönen Ort im Bundesstaat Georgia (USA) Urlaub machten. Wir waren sehr erschöpft und Gott hatte uns eine Möglichkeit gegeben, dass wir eine Zeit der Ruhe hatten und wieder Kraft schöpfen konnten. Es gefiel uns dort so gut, dass wir planten, im nächsten Jahr mit unseren Kindern wieder dorthin zu fahren und einen langen Urlaub dort zu verbringen. Wir waren voller Pläne und sprachen begeistert darüber. Ich begann zu „deklarieren" (ein verbales Bekenntnis zu machen): „Wir kommen nächstes Jahr hierher zurück und unsere ganze Familie wird hier an diesem Ort mit Urlaub gesegnet werden."

Plötzlich sprach der Heilige Geist Jakobus 4, 15 zu mir: „Ihr solltet dagegen sagen: Wenn der Herr will, werden wir leben und dies oder das tun." Als ich später diesen Vers nachlas, fiel mir auch Vers 16 auf: „Ihr aber rühmt euch nun [zu Unrecht] in eurer Vermessenheit und eurem Eigendünkel. All solches Rühmen ist falsch."

Es ist ein Unterschied zwischen Glaube und Vertrauen und zwischen Dummheit und Vermessenheit. Solange wir diesen Unterschied nicht machen, ist unser geistliches Leben eine Tragödie statt ein Triumph. Ich persönlich fühle mich nicht schwach, wenn ich bete: „Herr, ich will diese Sache, … *wenn* es dein Wille ist, *wenn* es in deinen Plan passt, *wenn* es dein Bestes für mich ist, und *wenn* es dein Zeitpunkt ist."

In Sprüche 3, 7 heißt es: „Halte dich nicht selbst für weise …" (*Schlachter*). Ich habe mir diesen Vers zu Herzen genommen und glaube, dass er mir ganz schön viel Leid erspart hat. Es gab eine Zeit in meinem Leben, da dachte ich, dass ich alles wusste, und wenn jeder auf mich hören würde, dann würden wir alle wunderbar miteinander auskommen. Ich habe jetzt herausgefunden, dass ich überhaupt nichts weiß, zumindest nicht im Vergleich mit dem, was Gott weiß. Wir müssen der Versuchung widerstehen, „Heiliger Geist Junior" spielen zu wollen. Stattdessen müssen wir Gott Gott sein lassen.

Ausgewogenheit, Weisheit, Besonnenheit, Menschenverstand und Gottes Urteil

Jeder Kluge handelt mit Vernunft, aber ein [selbstherrlicher] Narr stellt seine Torheit protzend zur Schau.

Sprüche 13, 16

Aus meiner 20-jährigen Beobachtung im Reich Gottes scheint es mir, dass Gläubige und auch Lehrer Schwierigkeiten mit Ausgewogenheit haben. Die Lehre über die Macht der Worte, über den Mund, über das Bekennen, darüber, dass man über Dinge spricht, die nicht sind, so als wären sie da, und darüber, Sachen auszusprechen, damit sie

Ich und meine große Klappe

geschehen, ist ein Beispiel dafür, dass Menschen in Extreme gefallen sind. Anscheinend will das Fleisch im Graben auf der einen oder der anderen Seite der Straße leben, aber es hat damit Schwierigkeiten, mitten auf der Straße innerhalb den Sicherheitsstreifen zu bleiben.

Seid ausgewogen – gemäßigten, nüchternen Sinns; seid wachsam und immer vorsichtig; denn euer Feind, der Teufel, zieht herum wie ein brüllender [ausgehungerter] Löwe und sucht, wen er ergreifen und verschlingen kann.

1. Petrus 5, 8

Extreme sind tatsächlich das Spielfeld des Teufels. Wenn er einen Gläubigen nicht so weit bekommen kann, dass er eine Wahrheit völlig ignoriert und in der Täuschung lebt, dann versucht er als nächstes, ihn bezüglich dieser Wahrheit so einseitig zu machen und aus dem Gleichgewicht zu bringen, dass er auch nicht besser dran ist als vorher. Manchmal geht es ihm sogar noch schlechter als vorher.

Weisheit ist eines der wichtigsten Themen in Gottes Wort. Es ist eine Tatsache, dass man ohne Weisheit keinen wirklichen Sieg haben kann.

Im amerikanischen Lexikon *Webster's New College Dictionary*[1] ist Weisheit definiert als:

1. Das Verständnis darüber, was wahr, richtig oder dauerhaft ist.
2. Gutes Urteilsvermögen: ein gesunder Menschenverstand.

Ich habe immer wieder mit vielen Menschen zu tun gehabt, sowohl Laien als auch Menschen im vollzeitigen Dienst, die einfach keinerlei gesunden Menschenverstand einsetzen.

Weisheit arbeitet nicht in Extremen. In Sprüche 1, 1–4 heißt es, dass Weisheit voller Besonnenheit ist, und dass Besonnenheit gutes Verwalten ist.

Im selben Lexikon wird *Besonnenheit* definiert als „sorgfältiges Verwalten: WIRTSCHAFTLICHKEIT". Als Adjektiv wird *besonnen* definiert als „gutes Urteilsvermögen oder gesunder Menschenverstand beim Umgang mit praktischen Angelegenheiten." Ich denke, wir könnten sagen, dass Weisheit eine Kombination ist aus Ausgewogenheit, gesundem Menschenverstand und gutem Urteilsvermögen.

Lerne Gottes Sprache zu sprechen

Jemand, der Gottes Wort lehrt, muss auch verantwortlich sein, sich deutlich auszudrücken, damit er auch sicher sein kann, dass ihn Gläubige in jedem Stadium ihres geistlichen Wachstums verstehen. Für geistlich unreife Christen ist es gefährlich, wenn jemand nur einfach die Aussage macht, dass „man haben kann, was man sagt", ohne jegliche weitere Erklärung abzugeben. Ich glaube, dass wir als Lehrer, die wir gerufen sind, Gottes Kinder zu schulen, auch erkennen müssen, dass nicht jeder, der uns zuhört, diese Aussage so versteht, dass er das haben kann, was er sagt, *wenn* das, was er sagt, mit Gottes Wort und Willen zu genau diesem Zeitpunkt in seinem Leben übereinstimmt.

Fleischlich gesinnte Menschen hören jede Botschaft, der sie zuhören, mit einem „fleischlich gesinnten Ohr". Wenn sie geistlich wachsen und dieselbe Botschaft wieder hören, entnehmen sie ihr vielleicht etwas völlig anderes als das erste Mal. Die Botschaft war am Anfang vielleicht gar nicht falsch, aber mit etwas mehr Erklärung wäre es dem „Baby"-Christen erspart geblieben, mehrere Jahre im Graben zu leben, bevor er es lernte, auf der Straßenmitte zu bleiben.

Die meisten Lehrer haben eine bestimmte „Betonung" auf ihrer Lehre – und das ist in Ordnung. Es hat mit dem Ruf Gottes auf ihrem Leben zu tun. Manche sind dazu berufen, die Kinder Gottes zu erbauen und zu ermuntern, sie begeistert vorwärts zu führen. Manche sind vielleicht dazu berufen, über Glauben zu lehren und wieder andere über Wohlergehen. Manche haben einen Ruf, fast ausschließlich über Finanzen zu predigen. Viele sind dazu berufen, Heilung zu predigen und zu veranschaulichen.

Ich finde, dass Menschen, wenn sie von Gott für etwas berufen sind, so voll von dem sind, was Gott in sie hineingelegt hat, dass sie einseitig werden, wenn sie nicht aufpassen. Manchmal handeln sie so, als wäre das, was sie lehren, die einzige wichtige Botschaft der Bibel. Vielleicht tun sie es gar nicht absichtlich, aber ich möchte wieder darauf hinweisen, dass es unsere Verantwortung ist, dafür zu sorgen, dass wir unsere Themen auf ausgewogene Weise darlegen und wir an die „Babies in Christus" denken, die nur das wissen, was wir ihnen sagen, und sonst nichts.

Ich und meine große Klappe

Ich glaube sehr stark an die Macht des Bekennens. Ich glaube daran, dass wir zu unseren Bergen sprechen sollen, und ich glaube, dass sich in vielen, wenn nicht sogar in den meisten Fällen die Antwort auf unsere Probleme direkt unter unserer Nase (in unserem Mund) befindet. Aber ich glaube auch sehr stark daran, dass die geistliche Reife eines Christen wichtig ist; und es auch wichtig ist, das Fleisch zu kreuzigen; dass Selbstsucht sterben muss; und es ebenso wichtig ist, dem Heiligen Geist zu gehorchen und sich ihm zu unterstellen.

Anders ausgedrückt: Ich versuche nicht, dich etwas zu lehren und dir zu helfen, nur damit du aus deinem Problem herauskommst oder alles bekommst, was du willst. Ich möchte dir dabei helfen zu lernen, wie du mit dem Heiligen Geist zusammenarbeiten musst, um den Willen Gottes in deinem Leben erfüllt zu sehen.

2
Die Auswirkung von Worten im natürlichen Bereich

Denn wenn du anerkennst und mit deinen Lippen bekennst, dass Jesus der Herr ist, und in deinem Herzen glaubst (festhältst an, vertraust in und dich auf die Wahrheit verlässt), dass Gott ihn von den Toten auferweckt hat, dann wirst du gerettet. Denn ein Mensch glaubt (hält fest an, vertraut in und verlässt sich auf Christus) mit dem Herzen und ist so gerechtfertigt (als gerecht erklärt, annehmbar für Gott), und mit dem Mund bekennt er – erklärt freimütig und spricht frei über seinen Glauben – und bestätigt [seine] Errettung.

Römer 10, 9–10

In diesem Abschnitt legt Paulus eine geistliche Wahrheit dar, die auf Errettung angewendet wird, aber ich glaube, dass dies eine Wahrheit ist, die auch auf andere Gebiete angewendet werden kann.

Das Bekenntnis einer Person über ihren Glauben bestätigt ihre Errettung vor Menschen, aber nicht vor Gott. Gott weiß bereits, was in ihrem Herzen ist.

Ein Bekenntnis bestätigt die Stellung des Gläubigen gegenüber dem Feind seiner Seele. Es verkündet einen Seitenwechsel, was Ergebenheit anbelangt. Vorher hat er dem Teufel gedient, aber jetzt wird verkündet, dass er seinen Herrn gewechselt hat.

Der verstorbene Bibelgelehrte W. E. Vine definierte zwei griechische Wörter, die in der englischen Bibel der *King James Version* mit *bestätigen* wiedergegeben werden, wie folgt: „fest machen, aufrichten, sicher machen" [1] und „gültig machen, genehmigen, Autorität oder Einfluss gewähren." [2] Das griechische Wort, das mit *Bestätigung* wiedergegeben wird, definiert er als „von massgeblicher Geltung". [3]

Ausgehend von diesen Definitionen können wir also sagen, dass das Bekennen mit Worten die Errettung fest macht, aufrichtet, sicher und gültig macht und ihr massgebliche Geltung gibt.

Ich und meine große Klappe

Mit anderen Worten: Das Bekenntnis „nagelt die Errettung fest".

Den Ratschluss verkünden

Ich will erzählen vom Ratschluß des Herrn; er hat zu mir gesagt: „Du bist mein Sohn, heute habe ich dich gezeugt ...
Psalm 2, 7 (*Schlachter*)

Ich habe einmal einen Film gesehen, in dem ein König eine königliche Verordnung herausgab. Er schrieb einen Befehl oder ein Gesetz nieder und schickte Reiter durch das ganze Land, die den Bürgern des Reiches „den Ratschluss verkünden sollten".

In der Bibel sehen wir im Buch Ester 8, 8–14 im Alten Testament und in Lukas 2, 1–3 im Neuen Testament, wie ein solches Dekret herausgegeben wird.

In Psalm 2, 7 schrieb der Psalmist, dass er den Ratschluss des Herrn verkünden würde. Welchen Ratschluss? Den Ratschluss, in dem der Herr erklärt, dass Er (Er spricht von Jesus) sein einziger gezeugter Sohn ist (Hebr. 1, 1–5).

Das geschriebene Wort Gottes ist sein formaler Ratschluss. Wenn ein Glaubender dieses Wort mit einem gläubigen Herzen aus seinem Mund heraus verkündet, dann gehen seine mit Glauben gefüllten Worte hinaus, um Gottes Ordnung in seinem Leben aufzustellen.

Wenn der königliche Ratschluss verkündet wird, beginnt sich etwas zu ändern!

Gottes Plan – unsere Wahl

Denn du hast mein Inneres bereitet, du hast mich gebildet im Mutterleibe. Ich will dich bekennen und preisen, denn du bist schrecklich und wunderbar, und für das grosse Wunder meiner Geburt! Wunderbar sind deine Werke und mein Inneres erkennt das wohl. Meine Gebeine waren dir nicht verborgen, als ich im Geheimen gebildet wurde und ausgeklügelt und sorgfältig bearbeitet wurde (wie mit verschiedenen Farben gewebt) in den Tiefen der Erde [an einem Platz voller Dunkelheit und Geheimnis]. Deine Augen sahen

Die Auswirkung von Worten im natürlichen Bereich

meine Ungeformtheit und in deinem Buch waren alle Tage meines Lebens geschrieben, die noch werden sollten und von denen noch keiner da war.
Psalm 139, 13–16

Noch vor der Erschaffung der Erde wurde Gottes Plan für unser Leben in der geistlichen Welt erstellt, und es ist ein guter Plan, wie wir in Jeremia 29, 11 sehen: „Denn ich kenne die Gedanken und Pläne, die ich für euch habe, spricht der Herr, Gedanken und Pläne des Wohlergehens und des Friedens und nicht für Böses, dass ich euch Hoffnung gebe für eure Zukunft."

Satan arbeitet hart, um den Plan des Herrn im Leben der meisten von uns zu zerstören, und seine Erfolgsquote ist sehr hoch. Gott sandte seinen eigenen Sohn Jesus, um uns zu erlösen und in allen Dingen wieder die richtige Ordnung aufzustellen. Er hat seinen Willen für unser Leben niedergeschrieben, und wenn wir daran glauben und ihn aussprechen, wird er buchstäblich Wirklichkeit.

Manche Menschen glauben an viele Dinge, sehen aber sehr wenig davon verwirklicht. Vielleicht liegt der Grund darin, dass sie zwar glauben, es aber nicht aussprechen. Sie sehen vielleicht einige Ergebnisse ihres Glaubens, aber nicht die radikalen Ergebnisse, die sie erfahren würden, wenn sie ihren Mund ebenso wie ihr Herz in Gottes Dienst stellen würden (Röm. 10, 9–10).

Manche Menschen versuchen, im Segen des Herrn zu wandeln und gleichzeitig wie der Teufel zu sprechen. Diesen Fehler dürfen wir nicht machen. Wir werden in unserem täglichen Leben keine positiven Ergebnisse sehen, wenn wir negativ reden. Wir sollten daran denken, dass wir das, was wir aussprechen, herbeirufen. Wir reichen mit unseren Worten entsprechend in den geistlichen Bereich hinein und holen etwas heraus. Wir können in Satans Bereich hineinreichen, in den Bereich von Flüchen, und böse, negative Dinge herausholen, oder wir können in Gottes Bereich hineinreichen, in den Bereich von Segen, und gute, positive Dinge herausholen.

Die Entscheidung liegt bei uns.

Ich und meine große Klappe

Gottes Wort erschafft und erhält

Durch den Glauben erkennen wir, dass die Welten [durch die aufeinander folgenden Zeitalter hindurch] durch das Wort Gottes erschaffen [gebildet, zusammengefügt und für ihren Zweck ausgerüstet] wurden, so dass alles, was wir sehen, aus nicht sichtbaren Dingen erschaffen wurde.

Hebräer 11, 3

Die von Gott erschaffene Erde wurde nicht aus sichtbarer Materie gemacht. Wie wir in 1. Mose 1 lesen, sprach Gott und die Dinge wurden: Licht, Himmel, Erde, Vegetation, Pflanzen, die Samen gaben, und Bäume, die Früchte trugen; Sonne, Mond und Sterne; Fische und Vögel; jede Art lebender Kreatur: Vieh, Kriechtiere, wilde Tiere und Haustiere. Die Erde und alles darauf wurden aus etwas erschaffen, das nicht sichtbar war, und werden heute von etwas erhalten, das nicht sichtbar ist.

In Hebräer 1, 3 lesen wir, dass Gott „das Universum durch sein mächtiges, kraftvolles Wort hochhält und aufrechterhält und führt und antreibt …" Das Universum, das durch seine mächtigen Worte erschaffen wurde, wird heute immer noch durch dasselbe aufrechterhalten. Du sagst vielleicht: „Ja natürlich, Joyce, aber das ist Gott." Aber wir dürfen nicht vergessen, dass wir nach Gottes Ebenbild (1. Mo. 1, 26–27) erschaffen sind und dass wir wie Er handeln sollen.

Tut, was Gott tut …

Seid deshalb Nachahmer Gottes – macht ihn nach und folgt seinem Beispiel – so wie geliebte Kinder [ihren Vater nachahmen].

Epheser 5, 1

Hier in diesem Abschnitt stellt Paulus fest, dass wir Gott nachahmen und seinem Beispiel folgen sollen. In Römer 4, 17 lesen wir, dass Gott „die Toten lebendig macht und von den Dingen, die nicht existieren [die er vorhergesagt und versprochen hat], so spricht, als würden sie [schon] bestehen." Gottes Wort ist seine Zusage an uns, und wir sollten von diesen Dingen, die Er versprochen hat, so sprechen, als ob sie schon existierten. Wir wollen aber nicht die Ausgewogenheit vergessen; lass mich dir deshalb ein Beispiel geben.

Die Auswirkung von Worten im natürlichen Bereich

Angenommen, jemand ist offensichtlich krank. Er hustet. Seine Stimme ist sehr rauh und etwa drei Oktaven tiefer als sonst. Seine Nase und Augen sind rot und geschwollen, und er sieht müde aus und fühlt sich elend. Ein Freund sagt zu ihm: „Bist du krank?" Welche richtige Antwort kann er geben, die voll Glauben, aber auch ehrlich und freundlich seinem Freund gegenüber ist? Ich denke, dass die Antwort zum Teil davon abhängt, wo der Freund geistlich steht.

... aber tut es mit Weisheit

Denn obwohl ich in jeder Hinsicht frei bin von jemandes Kontrolle, habe ich mich dennoch jedem zum Diener gemacht, damit ich umso mehr [für Christus] gewinne. Für die Juden wurde ich ein Jude, damit ich die Juden gewönne; denen unter dem Gesetz [wurde ich] wie einer unter dem Gesetz, obwohl ich selbst nicht unter dem Gesetz bin, damit ich jene unter dem Gesetz gewönne. Denen ohne Gesetz wurde ich wie einer ohne Gesetz, obwohl ich doch nicht ohne Gesetz Gottes und ihm gegenüber nicht gesetzlos bin, sondern ich bleibe [halte mich ganz besonders] darin und bin dem Gesetz Christi verpflichtet, damit ich jene, die ohne (außerhalb) Gesetz sind, gewönne. Den Schwachen (denen Urteilskraft fehlt) bin ich schwach geworden (als fehlte mir Urteilskraft), damit ich die Schwachen und Unsicheren gewönne. Ich bin [kurz gesagt] allen alles geworden, damit ich auf jegliche Weise – egal was es kostet und was der Einsatz ist – einige rette [indem ich sie für den Glauben an Jesus Christus gewinne].

1. Korinther 9, 19–22

Der Apostel Paulus sagte, dass er Menschen da begegnete, wo sie standen, damit er sie für Christus gewann. Ergänzend zudem er uns sagt, wir sollen Gott nachahmen, sagt er uns auch, wie wir ihn nachahmen sollen: „Richtet euch nach mir, folgt meinem Beispiel, so wie ich Christus, den Messias, nachahme und ihm nachfolge" (1. Kor. 11, 1). Das ist besonders wichtig, wenn wir Umgang mit denen haben, die ohne geistliches Wissen und Verstehen sind.

Wenn derjenige, der sich nach der Gesundheit seines Freundes erkundigt, kein Christ ist, dann sollte die Antwort anders sein als die,

Ich und meine große Klappe

die man einem Christen gibt. Wenn ich beispielsweise der Kranke wäre und sich jemand nach meiner Gesundheit erkundigte, dann würde ich nur sagen: „Ich fühle mich nicht sehr gut, aber ich glaube, dass es bald besser wird." Oder ich könnte auch sagen: „Mein Körper wird gerade angegriffen, aber ich bitte Gott, dass er mich heilt." Sehr oft haben gut meinende, aber übereifrige Christen, die ihren gesunden Menschenverstand nicht gebrauchen, Menschen abgeschreckt, weil sie sich wie Wesen von einem anderen Stern verhalten haben.

Wir dürfen nicht vergessen, dass wir Gläubigen eine Sprache sprechen, die von der Welt nicht verstanden wird. Es wäre einem Ungläubigen gegenüber zum Beispiel unangebracht zu sagen: „Nun, Ehre sei Gott, der Teufel denkt vielleicht, dass er mich mit Krankheit schlagen kann, aber ich nehme sie nicht an; ich bin durch die Striemen Jesu geheilt!" Diese Art zu sprechen zeigt der fragenden Person gegenüber keine Liebe, besonders, wenn wir wissen, dass sie keine Ahnung hat, wovon wir sprechen.

Manche Menschen haben mir gegenüber diese Art von Sprache angewandt, und obwohl ich tatsächlich *verstehe*, worüber sie sprechen, kommt es mir immer wie ein Schlag ins Gesicht vor. Solche Leute sind gewöhnlich sehr hart in ihrer Haltung und ihrer Ausdrucksweise. Sie sind so darauf ausgerichtet, ihre Heilung zu bekommen, dass sie dem Heiligen Geist gegenüber nicht empfindsam sind. Sie denken gar nicht daran, wie ihre Worte denjenigen treffen können, der versucht ihnen Liebe zu zeigen, indem er sich nach ihrem Befinden erkundigt.

Sogar unter Gläubigen, die sich gegenseitig verstehen, können wir auch auf einer Ebene handeln, auf der wir mit Worten nicht „mit Krankheit einverstanden sind", auf der wir aber auch nicht rau sind.

Viele Leute, die denken, sie wandeln auf einer hohen Glaubensebene, zeigen komischerweise keinerlei Früchte des Geistes (Gal. 5, 22–23) – besonders was die Frucht der Liebe anbelangt, den „besseren Weg", von dem uns der Apostel Paulus sagt, dass er weder grob noch ungehörig ist (1. Kor. 13, 5).

Da nach Galater 5, 6 Glaube durch Liebe wirkt, zweifle ich daran, dass mein Glaube wirken und ich meine Heilung empfangen würde,

Die Auswirkung von Worten im natürlichen Bereich

wenn ich anderen gegenüber grob bin. Menschen sind nicht absichtlich grob, sie sind nur aus dem Gleichgewicht geraten. Sie denken, wenn sie zugeben, dass sie krank sind, geben sie ein negatives Bekenntnis ab. Wenn sie krank sind und diese Tatsache für jeden offensichtlich ist, warum leugnen sie es dann?

Die Wahrheit ist, dass Jesus unser Heiland ist, und Wahrheit ist mächtiger als eine Tatsache. Es war eine Tatsache, dass ich mich die meiste Zeit meines Lebens in einem absoluten Chaos befand, weil ich missbraucht worden war. Jetzt ist es eine Tatsache, dass ich durch die Macht des Wortes Gottes und durch den Heiligen Geist geheilt worden bin. Ich musste nicht verleugnen, wo ich war, um dahin zu kommen, wo ich bin. Ich musste eine positivere Art finden, wie ich über meine Umstände sprach, und meine Gespräche mit Hoffnung statt Hoffnungslosigkeit, mit Glauben statt Zweifel anfüllen.

Als Nachahmer Gottes müssen wir das tun, was Er tut – der „das Nichtseiende ruft, wie wenn es da wäre" (Röm. 4, 17; *Elberfelder*). Und wir können das tun und trotzdem werden wir Menschen gegenüber, die es vielleicht nicht verstehen, kein Anstoß. Wir können „den Ratschluss verkünden", wenn wir allein sind; wenn dann jemand fragt, finden wir sicher einen Weg, positiv zu bleiben, und hinterlassen beim anderen nicht den Eindruck, Christen seien Wesen von einem anderen Stern und alles, was sie glauben, sei komisch.

Nicht-geistliche Menschen brauchen Lehre – und wir auch.

Der Apostel Paulus verstand diese Tatsache. Das meinte er, als er an die Gemeinde in Korinth schrieb: „Aber der natürliche, nicht-geistliche Mensch erkennt die Gaben und Lehren und Offenbarungen des Geistes Gottes nicht an oder nimmt sie nicht auf oder lässt sie nicht in sein Herz, denn sie sind für ihn töricht (bedeutungsloser Unsinn); und er kann sie nicht kennen – nach und nach erkennen, verstehen und sie besser kennen lernen –, weil sie geistlich verstanden und geschätzt und beurteilt werden" (1. Kor. 2, 14).

In einem späteren Abschnitt schrieb Paulus weiter an die Kolosser: „Verhaltet euch weise – lebt umsichtig und diskret – in eurer Beziehung zu denen draußen in der Welt (den Nicht-Christen) ... lasst eure Rede allezeit freundlich (angenehm und gewinnend) sein, [so als wäre

Ich und meine große Klappe

sie] mit Salz gewürzt, damit ihr [nie in Verlegenheit kommt und immer] wisst, wie ihr jemandem antworten sollt [der euch eine Frage stellt]" (Kol. 4, 5–6).

Anders gesagt … Paulus sagte zu den Gläubigen seiner Zeit und zu uns: „Seid vorsichtig, wie ihr mit denen sprecht, die geistlich nicht auf derselben Ebene sind wie ihr. Wendet Weisheit und gesunden Menschenverstand an. Lasst euch vom Heiligen Geist leiten."

3

Sprich über Dinge, die nicht sind, so als wären sie da

… Gott … der … das Nichtseiende ruft, wie wenn es da wäre.
Römer 4, 17 (*Elberfelder*)

Für mich ist eines der größten Vorrechte, die wir als Gottes Kinder haben, dass wir in den Bereich, in dem Gott ist, hineinreichen können und „das Nichtseiende" rufen können, „wie wenn es da wäre."

Wir sollten uns auch vor Augen halten, dass diese Praktiken genauso gegen uns wirken können, wenn wir Dinge herbeirufen, die nicht Gottes Willen, sondern dem des Feindes entsprechen. Tatsächlich scheint die Welt süchtig danach zu sein, Katastrophen herbeizurufen. Zum Beispiel, wenn jemand niest und sagt: „Ich bekomme wahrscheinlich die Grippe, die gerade umgeht." Oder jemand hört das Gerücht, dass die Firma, für die er arbeitet, einige Leute entlassen wird, also sagt er: „Ich werde wahrscheinlich meine Arbeitsstelle verlieren. So ist das einfach in meinem Leben, jedesmal, wenn es allmählich gut läuft, passiert etwas."

Solche Leute greifen auch in den Bereich des Geistes (den nicht-sichtbaren Bereich) hinein und rufen diese Dinge herbei, die noch nicht sind, so als würden sie schon existieren. Sie fürchten das, was noch nicht stattgefunden hat, und durch ihren negativen Glauben sprechen sie die Worte aus, die ihre Zukunft gestalten werden.

Führe eine Bekenntnis-Liste

Ich habe geglaubt – auf meinen Gott vertraut, mich auf ihn verlassen und ihm angehangen –, und deshalb habe ich gesprochen …
Psalm 116, 10

Ich und meine große Klappe

Ich empfehle eine Bekenntnis-Liste aufzustellen – Dinge, die durch das Wort Gottes gestützt werden können – die du laut über dein Leben, deine Familie und deine Zukunft aussprichst.

Als ich zum ersten Mal von diesen Prinzipien, die ich dir in diesem Buch mitteile, hörte, war ich sehr negativ. Ich war Christ und arbeitete aktiv in der Gemeinde mit. Mein Mann und ich gaben unseren Zehnten und gingen regelmäßig zum Gottesdienst, aber wir wussten nicht, dass wir irgendetwas gegen unsere Umstände tun konnten.

Gott fing an mich zu lehren, dass ich keine negativen Dinge denken und sagen sollte. Ich hatte den Eindruck, dass Er mir sagte, Er könne nicht in meinem Leben wirken, bevor ich nicht aufhöre, so negativ zu sein. Ich gehorchte und ein Ergebnis war, dass ich fröhlicher wurde, denn ein negativer Mensch kann nicht glücklich sein.

Nach einer gewissen Zeit bemerkte ich, dass sich meine Umstände nicht wirklich geändert hatten. Ich fragte den Herrn diesbezüglich und Er sagte: „Du hast zwar aufgehört, negativ zu reden, aber du sagst überhaupt nichts Positives." Das war meine erste Lektion bezüglich dem Rufen des Nichtseienden, wie wenn es da wäre. Das wurde mir von niemandem sonst beigebracht; Gott lehrte es mich selbst und es stellte sich als einer meiner größten Durchbrüche in meinem Leben heraus.

Ich erstellte eine Liste mit Dingen, von denen ich gelernt hatte, dass sie mir gemäß dem Wort Gottes rechtmäßig zustanden. Ich hatte Schriftstellen, um sie zu stützen. Etwa sechs Monate lang bekannte ich diese Wahrheiten zweimal täglich laut. Ich tat es bei mir zu Hause, allein. Ich sprach zu keinem Menschen; ich proklamierte das Wort Gottes.

Ich verkündete den Ratschluss!

Ich möchte dir gerne einige Punkte meiner Liste mitteilen, aber du solltest deine eigenen Hausaufgaben machen und deine eigene Liste erstellen, was auf deine Situation zutrifft:

- „Ich bin eine neue Schöpfung in Christus: Das Alte ist vergangen; siehe, alles ist neu geworden" (vgl. 2. Kor. 5, 17).

- „Ich bin gestorben und mit Christus auferstanden und bin jetzt mit eingesetzt in die himmlischen Orte" (vgl. Eph. 2, 5–6,).
- „Ich bin der Sünde gestorben und lebe der Gerechtigkeit" (vgl. Röm. 6, 11).
- „Ich bin frei geworden. Ich bin frei zu lieben, anzubeten, zu vertrauen ohne Angst vor Zurückweisung oder Verletzungen" (vgl. Joh. 8, 36; Röm. 8, 1).
- „Ich bin ein Glaubender – kein Zweifler!" (vgl. Mk. 5, 36).
- „Ich kenne Gottes Stimme, und ich gehorche immer dem, was Er mir sagt" (vgl. Joh. 10, 3–5; 14–16; 27; Joh.14, 15).
- „Ich bete gern, ich lobe gern und bete Gott gern an" (vgl. 1. Thes. 5, 17; Ps. 34, 2).
- „Die Liebe Gottes ist durch den Heiligen Geist in mein Herz ausgegossen worden" (vgl. Röm. 5, 5).
- „Ich demütige mich selbst und Gott erhöht mich" (vgl. 1. Petr. 5, 6).
- „Ich bin kreativ, weil der Heilige Geist in mir lebt" (vgl. Joh. 14, 26; 1. Kor. 6, 19).
- „Ich liebe alle Menschen und ich werde von allen Menschen geliebt" (vgl. 1. Jo. 3, 14).
- „Ich arbeite mit allen Gaben des Heiligen Geistes, die da sind: Zungenreden und Auslegung der Zungenrede, Wunder tun, Geister unterscheiden, das Wort des Glaubens, das Wort der Erkenntnis, das Wort der Weisheit, Heilungen und Prophetien" (vgl. 1. Kor. 12, 8–10).
- „Ich habe einen gelehrigen Geist" (vgl. 2. Tim. 2, 24).
- „Ich werde das Wort Gottes studieren; ich werde beten" (vgl. 2. Tim. 2, 15; Lk. 18, 1).
- „Ich werde nie müde oder faul, wenn ich das Wort studiere, bete, diene oder Gott suche; sondern ich bin wachsam und voller Energie. Und wenn ich studiere, werde ich wachsamer und bekomme mehr Energie" (vgl. 2. Thes. 3, 13; Jes. 40, 31).

Ich und meine große Klappe

- „Ich bin ein Täter des Wortes. Ich sinne den ganzen Tag über das Wort nach" (vgl. Jak. 1, 22; Ps. 1, 2).
- „Ich bin von Gott zum Dienst gesalbt. Halleluja!" (vgl. Lk. 4, 18).
- „Arbeit ist gut. Ich genieße Arbeit. Ehre sei Gott!" (vgl. Pred. 5, 18).
- „Ich tue all meine Arbeit hervorragend und mit großer Sorgfalt und nutze meine Zeit" (vgl. Pred. 9, 10; Spr. 22, 29; Eph. 5, 15–16).
- „Ich bin ein Lehrer des Wortes" (vgl. Mt. 28, 19–20; Röm. 12, 7).
- „Ich liebe es, Menschen zu segnen und das Evangelium zu verbreiten" (vgl. Mt. 28, 19–20).
- „Ich habe Mitgefühl und Verständnis für alle Leute" (vgl. 1. Petr. 3, 8).
- „Ich lege Hände auf die Kranken und sie werden gesund" (vgl. Mk. 16, 18).
- „Ich bin ein Mensch mit Verantwortung. Ich genieße Verantwortung und bekomme jede Verantwortung in Christus Jesus" (vgl. 2. Kor. 11, 28; Phil. 4, 13).
- „Ich richte meine Brüder und Schwestern in Christus Jesus nicht nach dem Fleisch. Ich bin eine geisterfüllte Frau und werde von niemandem gerichtet" (vgl. Joh. 8, 15; Röm. 14, 10; 1. Kor. 2, 15).
- „Ich hasse nicht und wandle nicht in Unvergebenheit" (vgl. 1. Jo. 2, 11; Eph. 4, 32).
- „Ich werfe alle meine Sorgen auf den Herrn, denn Er sorgt sich um mich" (vgl. 1. Petr. 5, 7).
- „Ich habe keinen Geist der Angst, sondern der Kraft und der Liebe und eines gesunden Menschenverstandes" (vgl. 2. Tim. 1, 7).
- „Ich habe keine Angst vor den Gesichtern der Menschen. Ich habe keine Angst vor dem Zorn der Menschen" (vgl. Jer. 1, 8).
- „Ich fürchte mich nicht. Ich fühle mich nicht schuldig oder verdammt" (vgl. 1. Joh. 4, 18; Röm. 8, 1).

- „Ich bin nicht passiv bezüglich einer Sache, sondern ich kümmere mich sofort um alle Dinge in meinem Leben" (vgl. Spr. 27, 23; Eph. 5, 15–16).
- „Ich nehme jeden Gedanken gefangen unter den Gehorsam Jesu Christi, ich reiße nieder jede Vorstellung, und alles Hohe und Tiefe, das sich gegen die Erkenntnis Gottes stellt" (vgl. 2. Kor. 10, 5).
- „Ich wandle immer im Geist" (vgl. Gal. 5, 16).
- „Ich gebe dem Teufel keinen Raum in meinem Leben. Ich widerstehe dem Teufel, und er muss vor mir fliehen" (vgl. Eph. 4, 27; Jak. 4, 7).
- „Ich fange all die täuschenden Lügen des Teufels ein. Ich reiße sie nieder und entscheide mich dafür, lieber dem Wort Gottes zu glauben" (vgl. Joh. 8, 44; 2. Kor. 2, 11; 10, 5).
- „Keine Waffe, die gegen mich gerichtet ist, soll ihr Ziel treffen, und jeder Zunge, die sich urteilend gegen mich erhebt, werde ich zeigen, dass sie Unrecht hat" (vgl. Jes. 54, 17).
- „Wie ein Mensch in seinem Herzen denkt, so ist er. Deshalb sind all meine Gedanken positiv. Ich erlaube dem Teufel nicht, meinen Geist als Müllhalde zu benutzen, indem ich über die negativen Dinge, die er mir anbietet, nachdächte" (vgl. Spr. 23, 7).
- „Ich denke nicht höher von mir selbst, als ich im Fleisch sollte" (vgl. Röm. 12, 3).
- „Ich bin langsam zum Reden, schnell zum Hören und langsam zum Zorn" (vgl. Jak. 1, 19).
- „Gott öffnet meinen Mund und kein Mensch kann ihn schließen. Gott schließt meinen Mund und kein Mensch kann ihn öffnen" (vgl. Offb. 3, 7).
- „Ich spreche keine negativen Dinge aus" (vgl. Eph. 4, 29).
- „Ich bin dazu bestimmt, dass mein Mund keine Übertretungen begeht. Ich werde den ganzen Tag die Gerechtigkeit und das Lob Gottes aussprechen" (vgl. Ps. 17, 3; Ps. 35, 28).

Ich und meine große Klappe

- „Ich bin ein Fürbitter" (vgl. 1. Tim. 2, 1).
- „Das Gesetz der Freundlichkeit ist in meiner Zunge. Sanftheit ist in meiner Berührung. Gnade und Mitgefühl sind in meinem Hören" (vgl. Spr. 31, 26).
- „Ich tue, was ich sage, dass ich es tun werde, und ich komme rechtzeitig dorthin, wohin ich gehe" (vgl. Lk. 16, 10; 2. Petr. 3, 14).
- „Ich binde nie eine Schwester oder einen Bruder mit den Worten meines Mundes" (vgl. Mt. 18, 18).
- „Ich bin immer positiv ermutigend. Ich erbaue und baue auf; ich reiße nie nieder oder zerstöre" (vgl. Röm. 15, 2).
- „Ich schreie zu Gott, dem Allerhöchsten, der mich stärkt und belohnt" (vgl. 2. Chr. 16, 9).
- „Ich achte gut auf meinen Körper. Ich esse richtig, ich sehe gut aus, ich fühle mich gut und ich wiege so viel, wie Gott will, dass ich wiege" (vgl. 1. Kor. 9, 27; 1. Tim. 4, 8).
- „Ich treibe Teufel und Dämonen aus, nichts Tödliches kann mir schaden" (vgl. Mk. 16, 17–18).
- „Schmerz kann meinem Körper nicht erfolgreich schaden, weil Jesus all meine Schmerzen getragen hat" (vgl. Jes. 53, 3–4).
- „Ich eile und hetze mich nicht. Ich tue eine Sache nach der anderen" (vgl. Spr. 19, 2; 21, 5).
- „Ich nutze meine Zeit geschickt. All meine Zeit für Gebet und Bibelstudium ist klug verbracht" (vgl. Eph. 5, 15–16).
- „Ich bin eine gehorsame Ehefrau und keine Rebellion ist in mir" (vgl. Eph. 5, 22 und 24; 1. Sam. 15, 23).
- „Mein Mann ist klug. Er ist der König und Priester unseres Hauses. Er trifft gottesfürchtige Entscheidungen" (vgl. Spr. 31, 10–12; Offb. 1, 6; Spr. 21, 1).
- „Alle Aktivitäten der Mitglieder meines Haushaltes sind gesegnet. Wir sind gesegnet, wenn wir hereinkommen und wenn wir hinausgehen" (vgl. 5. Mo. 28, 6).

Sprich über Dinge, die nicht sind, so als wären sie da

- „Meine Kinder lieben es, zu beten und das Wort zu studieren. Sie preisen Gott offen und mutig" (vgl. 2. Tim. 2, 15).
- „Meine Kinder treffen die richtigen Entscheidungen im Einklang mit Gottes Wort" (vgl. Ps. 119, 130; Jes. 54, 13).
- „All meine Kinder haben viele christliche Freunde und Gott hält für jeden von ihnen eine christliche Ehefrau oder einen christlichen Ehemann bereit" (vgl. 1. Kor. 15, 33).
- „Mein Sohn David hat einen freundlichen Charakter und er ist nicht rebellisch" (vgl. Eph. 6, 1–3).
- „Meine Tochter Laura handelt in Gottes Weisheit und Disziplin und sie ist voller Energie" (vgl. Spr. 16, 16).
- „Ich bin ein Geber. Es ist gesegneter zu geben, als zu nehmen. Ich liebe es zu geben! Ich habe immer viel Geld, das ich weggeben kann" (vgl. Apg. 20, 35; 2. Kor. 9, 7–8).
- „Ich erhalte jeden Tag Angebote zu predigen, persönlich, per Telefon und/oder per Post" (vgl. Offb. 3, 7–8).
- „Ich bin sehr wohlhabend. Mir gelingt alles, was ich in die Hand nehme. Ich habe Wohlergehen auf allen Gebieten meines Lebens – geistlich, finanziell, seelisch und sozial" (vgl. 1. Mo. 39, 3; Jos. 1, 8; 3. Jo. 2).
- „Alles was ich besitze, ist bezahlt. Ich schulde niemandem etwas, außer ihn in Christus zu lieben" (vgl. Röm. 13, 8).

Können wir Dinge bekennen, für die wir kein Kapitel und keinen Vers finden? Ja, ich glaube schon, solange wir ganz sicher sind, dass das, was wir proklamieren, Gottes Wille für unser Leben ist, und nicht nur das, was wir selbst wollen.

Unser Lobpreisleiter ist schon seit vielen Jahren bei uns. Gott hatte ihm ins Herz gelegt, dass er eines Tages den Lobpreis für unseren Dienst leiten würde, sogar bevor wir wirklich einen Dienst hatten. Er sagte, dass Gott ihm immer wieder diesen Wunsch aufs Herz gelegt und ihm schließlich gesagt hatte: „Du musst diesen Wunsch laut bekennen."

Ich und meine große Klappe

Er tat, was Gott ihm gesagt hatte, obwohl er sich sehr dumm dabei vorkam. Er sprach mit Glauben erfüllte Worte in die Luft hinein: „Ich werde der Lobpreisleiter für *Life in the Word Ministries* sein." Was er bekannte, geschah einige Zeit später. Wir engagierten ihn als unseren Lobpreisleiter, obwohl er keine vorherige Erfahrung im Leiten von Lobpreis hatte. Er war ein voll ausgebildeter Musiker in der Welt, aber Gott wollte ihn in seinem Reich gebrauchen. Er war im Begriff in Gottes wahren Plan für sein Leben einzusteigen, aber seinen Glauben mit Worten auszudrücken, war ein wichtiger Schritt, diesen Plan zu erfüllen.

Ich las die Bekenntnisse sechs Monate lang von meiner Liste ab und dann waren sie ein Teil von mir geworden. Noch heute, fast 20 Jahre später, höre ich manche dieser Dinge aus meinem Mund kommen, wenn ich bete und das Wort bekenne.

Im Alten Testament gebot der Herr Josua, „Tag und Nacht" über sein Wort nachzusinnen (Jos. 1, 8). In Psalm 119, 148 und auch an anderer Stelle beschreibt der Psalmist, wie er ständig über Gottes Wort nachsinnt. In Psalm 1, 2 lesen wir vom gerechten Menschen, „seine Freude und sein Verlangen sind im Gesetz des Herrn, und über sein Gesetz – die Gebote, die Anweisungen, die Lehren Gottes – sinnt (denkt, und studiert) er gewohnheitsmäßig Tag und Nacht nach."

Ein Teil des Nachsinnens ist Murmeln[1], laut mit sich selbst reden oder etwas proklamieren[2]. Das Wort Gottes zu bekennen, hilft, es im Herzen zu befestigen.

Ich kann meine Liste jetzt ansehen und es erstaunt mich total, wie viele der Dinge, die ich darauf geschrieben hatte, geschehen sind, und wie unmöglich sie im natürlichen Bereich damals erschienen.

Abraham und Sarah

Dein Name soll nicht länger Abram (hoher, erhöhter Vater) sein; sondern dein Name soll Abraham (Vater einer großen Menge) sein, denn ich habe dich zum Vater vieler Nationen gemacht ... Und Gott sagte zu Abraham: Was deine Frau Sarai angeht, so sollst du sie nicht mehr Sarai nennen, sondern ihr Name soll Sarah [Prinzessin] sein. Und ich will

Sprich über Dinge, die nicht sind, so als wären sie da

sie segnen und dir von ihr einen Sohn geben. Ja, ich will sie segnen, und sie soll die Mutter vieler Nationen sein; Könige von Völkern sollen von ihr kommen.

1. Mose 17, 5; 15–16

Abraham und Sarah waren nicht immer unter diesen Namen bekannt; es gab eine Zeit, da hießen sie Abram und Sarai. Sie waren kinderlos und über das Alter hinaus, in dem sie Kinder bekommen konnten, aber sie empfingen ein Versprechen von Gott, dass Er ihnen ein eigenes Kind, aus ihren eigenen Leibern, schenken würde.

Dazu war ein Wunder nötig!

Anscheinend änderte Gott ihre Namen, weil Abram und Sarai ein neues Selbstbild brauchten, bevor dieses Wunder stattfinden konnte. Ihre neuen Namen hatten besondere Bedeutungen. Jedes Mal wenn ihre Namen genannt wurden, wurde ihre Zukunft prophezeit: Abraham würde der Vater einer großen Menge und seine Prinzessin, Sarah, würde die Mutter von Nationen sein.

Ich bezweifle, dass die kinderlose Sarai ein Bild von sich selbst als Prinzessin hatte. Sie musste sich selbst anders betrachten, und einen neuen Namen zu erhalten, war ein wichtiger Teil dieses neuen Selbst-Bildes.

Nun wurden die richtigen Dinge über Abram und Sarai ausgesprochen. *Worte* wurden in die Atmosphäre gesprochen, die in den geistlichen Bereich hineinreichten, wo ihr Wunder geschah. Diese Worte begannen das Wunder hervorzubringen, das Gott versprochen hatte. Nun waren die Worte auf der Erde in Übereinstimmung mit Gottes Wort, wie es schon vorher in 1. Mose 15 gesprochen worden war.

Abraham glaubte Gott

Nach diesen Dingen kam das Wort des Herrn in einer Vision auf Abram und sagte: Fürchte dich nicht, Abram, ich bin dein Schild, deine überreiche Entschädigung, und deine Belohnung soll sehr groß sein. Und Abram sagte: Herr Gott, was kannst du mir geben, denn ich gehe [aus dieser Welt] kinderlos und dieser [Verwalter] Eliezer von Damaskus wird der Eigentümer und Erbe meines Hauses sein? Und Abram

Ich und meine große Klappe

sagte [weiter]: Siehe, Herr, du hast mir kein Kind gegeben; und ein in meinem Haus geborener [Diener] ist mein Erbe. Und siehe, das Wort des Herrn kam zu ihm und sagte: Dieser Mann wird nicht dein Erbe sein, sondern der, der von deinem eigenen Leib kommt, wird dein Erbe sein. Und er brachte ihn heraus [aus seinem Zelt unter die Sterne] und sagte: Siehe nun den Himmel und zähle die Sterne, wenn du ihre Zahl nennen kannst. Dann sagte er zu ihm: So sollen deine Nachkommen sein. Und er [Abram] glaubte dem Herrn (vertraute ihm, verließ sich auf ihn und blieb beständig in ihm) und er zählte es ihm zur Gerechtigkeit [rechtes Ansehen vor Gott].

1. Mose 15, 1–6

Hier sehen wir, dass Abram *Gott glaubte*, als Er ihm sagte, dass er einen eigenen Sohn haben würde, durch den er zum Vater vieler Nationen werden würde. In Römer 4, 18–21 lesen wir:

[Denn Abraham, nachdem der menschliche Grund für] Hoffnung weg war, hoffte im Glauben, dass er der Vater vieler Nationen werden würde, wie es ihm zugesagt war: So [zahllos] sollen deine Nachkommen sein. Er wurde nicht schwach im Glauben, als er die [völlige] Kraftlosigkeit seines eigenen Körpers sah, der schon erstorben war, weil er schon fast hundert Jahre alt war, oder [wenn er] die Unfruchtbarkeit von Sarahs (erstorbenem) Leib [ansah]. Kein Unglaube oder Zweifel ließ ihn schwanken oder die Zusage Gottes zweifelnd in Frage stellen, sondern er wurde stark und durch den Glauben mit Kraft ausgerüstet, weil er Gott lobte und ehrte. Er war ganz gewiss und sicher, dass Gott mächtig war und sein Wort halten konnte und tun konnte, was Er zugesagt hatte.

Wie Abraham werden wir nie ein Wunder empfangen, wenn wir nicht glauben, dass Gott das Unmögliche tun kann und dass Er es für uns tun wird. In Abrams Fall geschah das versprochene Wunder nicht sofort. Viele Jahre vergingen zwischen dem Zeitpunkt, an dem Gott ihm gesagt hatte, dass er der Vater vieler Nationen sein würde, und der Geburt seines Sohnes Isaak.

Ich glaube, dass es wichtig ist, festzustellen, dass Abraham und Sarah nicht nur Gott glaubten, sondern dass die Worte aus ihrem Mund dazu gebraucht wurden, ihren Glauben freizusetzen. Vergiss nicht, in

Sprich über Dinge, die nicht sind, so als wären sie da

der Version der *Amplified Bible*, der erweiterten Bibel, heißt es in Römer 4, 17, dass wir einem Gott dienen, der „von den Dingen, die nicht existieren [die er vorhergesagt und versprochen hat], so spricht, als würden sie [schon] bestehen." Der dazu gegebene Querverweis ist der oben zitierte Vers aus 1. Mose 17, 5, in dem beschrieben wird, wie Gott die Namen Abrams und Sarais änderte.

In Übereinstimmung mit Gottes Wort, mit seinem geschriebenen Wort oder einem besonderen Wort, das Er uns gegeben hat, zu sprechen, hilft uns, in unserem Glauben fest zu bleiben, bis das, was wir sagen, geschieht.

In Amos 3, 3 lesen wir: „Können denn zwei miteinander gehen, wenn sie nicht eine Abmachung getroffen haben und sich einig sind?" Wir können nicht mit Gott bezüglich seines Plans in unserem Leben gehen, wenn wir nicht gewillt sind, mit Ihm einig zu sein – in unserem Herzen und mit unseren Worten.

Die Wahl liegt bei uns

Ich rufe heute den Himmel und die Erde als Zeugen gegen euch auf: das Leben und den Tod habe ich dir vorgelegt, den Segen und den Fluch! So wähle das Leben, damit du lebst, du und deine Nachkommen ...

5. Mose 30, 19 (*Elberfelder*)

Ich glaube, dass Gott Menschen sucht, in die Er seine „Traumsaat" einpflanzen kann. Aber damit wir Gottes Träume für unser Leben und für das Leben anderer ausführen können, müssen wir dazu bereit sein, zu „empfangen". Wir müssen dazu bereit sein, verstandesgemäß mit Gott einig zu sein; anders gesagt, das glauben, was Er uns sagt.

Glauben ist der erste wichtige Schritt, denn das, was in unserem Herzen ist, wird aus unserem Mund herauskommen: „... Denn aus der Fülle – dem Überfluß, dem überreichen Vorhandensein – des Herzens spricht der Mund" (Mt. 12, 34).

In der Einleitung sagte ich, dass unser Mund das ausdrückt, was in unserer Seele ist. So wie wir es definiert haben, ist der Verstand Teil der Seele. Wir ziehen selbst auf uns, womit gerade unsere Seele voll

Ich und meine große Klappe

ist. Wenn unsere Seele und unser Mund voller Zweifel, Unglauben, Angst und voll Negativem ist, dann werden wir diese Dinge auf uns ziehen.

Wenn andererseits unsere Seele und unser Mund voll sind von Gott und seinem Wort und seinem Plan, werden wir diese auf uns ziehen.

Die Wahl liegt bei uns!

4
Sprich prophetisch über deine Zukunft

… wenn jemand das Wort nicht verfehlt – nie das Falsche sagt –, dann hat er einen vollkommenen Charakter und ist ein perfekter Mensch und ist auch fähig, seinen ganzen Leib und sein ganzes Wesen im Griff zu haben.

Jakobus 3, 2

Was war das Erste, was du heute Morgen gesagt hast, als du aus dem Bett aufgestanden bist? Worüber hast du den ganzen Tag gesprochen? Ganz gleich, was du vielleicht denkst, es ist wichtig – für dich und dein Wohlbefinden, wie Jakobus in diesem Vers herausstellt.

Worte sind sehr wichtig und mächtig und wir werden für sie verantwortlich gemacht werden, wie Jesus uns in Matthäus 12, 37 warnte: „Denn nach euren Worten werdet ihr gerechtfertigt und freigesprochen und nach euren Worten werdet ihr verurteilt und verdammt werden."

Deshalb muss jeder von uns lernen, seine Zunge in Zaum zu halten.

Die Zunge in Zaum halten

… siehe auch die Schiffe: Obwohl sie so groß sind und von starken Winden getrieben werden, werden sie von einem kleinen Ruder dorthin gelenkt, wohin der Steuermann es bestimmt. So ist auch die Zunge ein kleines Glied und kann sich großer Dinge rühmen. Siehe, wie viel Holz oder welch einen großen Wald kann ein kleiner Funken anzünden! Und die Zunge [ist] ein Feuer. [Die Zunge ist eine] Welt voller Bösartigkeit zwischen unseren anderen Gliedern, sie verseucht und verdirbt den ganzen Leib und zündet das Geburtenrad an – den Kreislauf der menschlichen Natur – und wird dabei selbst von der Hölle (Gehenna) entzündet. Denn jede Art von Vieh und Vögeln, von Reptilien und Meerestieren kann und ist von der geistigen menschlichen Kraft

Ich und meine große Klappe

(von der menschlichen Natur) gezähmt worden. Aber die menschliche Zunge kann von keinem Menschen gezähmt werden. Sie ist ein unruhiges (ungezügeltes, unversöhnliches) Übel und voll tödlichen Giftes.

Jakobus 3, 4–8

Wie uns Jakobus hier in diesem Abschnitt sagt, kann kein Mensch die Zunge zähmen – nicht aus sich selbst heraus. In Vers 8 stellt Jakobus fest, dass die Zunge „ungezügelt" ist. Alles, was ungezügelt ist, ist wild und undiszipliniert und tut immer nur das, was es will. Ein Kind ist so. Auch ein wildes Tier. Und Appetit. Die menschliche Zunge ist kein bißchen anders.

Deshalb brauchen wir die Hilfe des Heiligen Geistes, damit wir unsere Zunge zügeln können. Aber Gott tut nicht alles für uns. Wir müssen lernen, unseren Mund selbst zu disziplinieren und die Verantwortung für das zu übernehmen, was aus ihm herauskommt.

Wenn unser Leben uns nicht passt, dann sollten wir eine Bestandsaufnahme von dem machen, worüber wir sprechen.

Wie sprichst du über deine Zukunft? Wenn du mit deinem Leben nicht zufrieden bist und gerne Veränderung sehen möchtest, dann musst du damit beginnen, gemäß Gottes Wort bezüglich einer besseren Zukunft für dich selbst und deine Lieben prophetisch zu reden.

Du kannst Sachen in deinem Leben ändern, wenn du mit Gott zusammenarbeitest.

Ohne Gott kannst du nichts ändern, aber in Übereinstimmung mit Ihm sind alle Dinge möglich (Mt. 17, 20). Ja, du kannst beginnen, Sachen in deinem Leben zu ändern, wenn du das Wort Gottes nimmst und anfängst, es über deinem Leben auszusprechen.

Die meisten von uns gebrauchen ihren Mund ganz und gar nicht für das, wofür Gott ihn uns gegeben hat. Es liegt große Macht und Autorität in Worten. Die Art der Macht hängt von der Art der Worte ab. Wir können unsere Zukunft verfluchen, indem wir Böses darüber sprechen, oder wir können sie segnen, indem wir Gutes darüber sprechen.

Manche haben schon etwas über die Gefahr gelernt, die darin liegt, negativ zu sprechen, aber Gott will, dass wir noch einen Schritt weitergehen. Er will, dass wir beginnen, das prophetisch auszusprechen, was wir in unserem Leben verwirklicht sehen wollen.

Die meisten von uns haben einen Traum oder eine Vision. Es gibt etwas, was wir in unserem Leben haben wollen – persönlich, finanziell, sozial, geistlich – für unsere Familien, unseren Dienst, unsere Gesundheit usw.

In diesem Leben gibt es sowohl materielle Dinge als auch geistliche Dinge, die wir uns wünschen – gewöhnlich ist es eine Mischung aus beidem. Wir wollen geistlich wachsen und von Gott gebraucht werden, und wir wollen in unseren materiellen Umständen gesegnet werden.

Es gab Zeiten in meinem Leben, in denen ich mir Dinge wünschte, die zur Kategorie „Segen" gehört hätten. Aber weil ich über das Hauptthema dieses Buches damals nichts wusste, sagte ich mit meinem Mund, dass ich es vermutlich nie erleben würde, wie diese Segnungen Wirklichkeit werden würden. Ich sprach gemäß meiner Erfahrung aus der Vergangenheit, und deshalb verfluchte ich meine Zukunft mit meinen eigenen Worten. Ich war mit dem Teufel statt mit Gott einig.

Ich musste von diesen Dingen, die nicht waren, so sprechen, als wären sie vorhanden. Ich musste aus dem geistlichen Bereich das herbeirufen, was ich mir wünschte, und mir klarmachen, dass ich nur auf die Manifestation zu warten hatte.

Ich musste mit Gottes gutem Plan für mein Leben zusammenarbeiten, aber *ich unterlag einer Täuschung!* Ich glaubte Lügen. Genau das ist Täuschung – eine Lüge.

Satan wird der Verführer genannt, weil er, wie Jesus in Johannes 8, 44 sagte, ein Lügner und der Vater der Lüge und alles Falschen ist. Er bemüht sich, uns Probleme zu verursachen und bringt uns dadurch dazu, dieselben Probleme für unsere Zukunft zu prophezeien.

Segne dich selbst!

Daher, wer sich im Land segnet, wird sich bei dem Gott der Treue segnen, und wer im Land schwört, wird bei dem Gott

Ich und meine große Klappe

> *der Treue schwören. Denn die früheren Nöte werden vergessen und vor meinen Augen verborgen sein. Denn siehe, ich schaffe einen neuen Himmel und eine neue Erde. Und an das Frühere wird man nicht mehr denken, und es wird nicht mehr in den Sinn kommen. Vielmehr freut euch und frohlockt allezeit über das, was ich schaffe ...*
>
> Jesaja 65, 16–18 (*Elberfelder*)

Hier in diesem Abschnitt, in dem der Herr selbst zu seinem Volk Israel spricht, sehen wir ein zweifaches Lebensprinzip, das auf jedes Gebiet, auf dem wir Sieg wünschen, übertragen werden kann: 1) *Die Worte keiner anderen Person haben so viel Autorität über unser Leben wie unsere eigenen,* und 2) *unsere Zukunft erfährt erst dann Segen, wenn wir unsere Vergangenheit loslassen.*

In Jesaja 43, 18–19 nennt der Herr dasselbe Prinzip:

> *Denkt nicht mehr [ernsthaft] an das, was früher war; achtet auch nicht auf das Alte. Denn siehe, ich tue etwas Neues; jetzt sprießt es hervor; seht und erkennt ihr es nicht und achtet ihr nicht darauf? Ich werde in der Steppe einen Weg machen und Flüsse in der Wüste.*

Wenn ich gründlich über diesen Abschnitt nachdenke, erscheint es mir, dass wir hier darauf hingewiesen werden, dass wir mit Gottes Plan zusammenarbeiten können, denn Er sagt im letzten Vers: „Achtet ihr nicht darauf?"

Wir können Gottes Plan für unser Leben freisetzen, indem wir nicht länger über alte Dinge nachsinnen (darüber nachdenken) und stattdessen glauben, dass Gott einen guten Plan für unsere Zukunft hat. Da das, worüber wir nachdenken, letztendlich aus unserem Mund herauskommt, werden wir unseren Mund nie in Ordnung bringen, wenn wir nicht an unseren Gedanken arbeiten.

Ich glaube, dass wir, wenn wir aufhören, mit unseren Gedanken in der Vergangenheit zu leben, beginnen können, in Übereinstimmung mit Gott zu denken. Und wenn wir das erst einmal tun, dann können wir beginnen, in Übereinstimmung mit Ihm zu sprechen. Und durch solches Handeln können wir tatsächlich über unsere eigene Zukunft prophetisch reden.

Macht erfordert Verantwortung

Aber ich sage euch, am Tage des Gerichts müssen die Menschen Rechenschaft ablegen für jedes leere (unwirksame, nutzlose) Wort, das sie gesprochen haben.

Matthäus 12, 36

Jesus lehrte, dass die Menschen eines Tages Rechenschaft abgeben müssen für ihre Worte. Warum? Weil Worte Macht beinhalten; sie tragen aufbauende oder zerstörerische Macht in sich.

In Sprüche 18, 21 heißt es, dass in der Zunge die Macht zum Leben und zum Tod liegt. Das klingt für mich nach Macht. Jedesmal, wenn wir Macht erhalten, ist auch Verantwortung nötig.

Oft wollen Menschen Macht, mit der sie spielen können, und keine Macht, für die sie verantwortlich sind, aber Gott lässt das nicht zu. Gott hat uns Worte gegeben, und Er erwartet, dass wir für die Macht, die in ihnen liegt, Rechenschaft abgeben.

Worte beinhalten Macht!

Wenn wir wirklich glauben würden, dass Worte Macht in sich bergen und Gott uns für sie verantwortlich hält, wären wir ganz sicher vorsichtiger mit dem, was wir sagen. Manchmal sagen wir völlig lächerliche Dinge. Wenn uns jemand einen Kassettenrecorder an den Gürtel schnallen würde, wir ihn eine Woche lang herumtragen und alles, was wir sagen, aufnehmen würden, dann würden wir sehr schnell verstehen, warum wir manche unserer Probleme haben und warum sich manche Dinge nie ändern, obwohl es Gottes Wille für uns ist, von ihnen frei zu werden.

Ich bin sicher, dass wir auf dieser Aufnahme Zweifel, Unglauben, Klagen, Murren, Angst und viele negative Aussagen hören würden. Wir würden wahrscheinlich auch eine Menge Aussagen darüber hören, was uns passieren wird, aber nicht viele Prophetien bezüglich unserer wunderbaren Zukunft. Wir würden Aussagen wie die folgenden hören:

- „Mein Kind wird sich nie ändern. Ich kann es ebenso gut vergessen – je mehr ich bete, desto schlimmer benimmt es sich."

Ich und meine große Klappe

- „Diese Ehe klappt einfach nicht. Ich halte das wirklich nicht mehr länger aus. Wenn noch einmal so etwas geschieht, haue ich ab. Wenn nötig, lasse ich mich scheiden."
- „Immer dasselbe. Jedes Mal, wenn ich ein bisschen Geld habe, kommt irgendeine Katastrophe und es ist alles weg."
- „Ich kann von Gott einfach nichts hören; Er spricht nie zu mir."
- „Niemand liebt mich. Wahrscheinlich bin ich dazu berufen, mein ganzes Leben lang allein zu sein."

Und doch beanspruchen wir gleichzeitig, wenn wir solche negativen Aussagen machen, dass wir für unsere Kinder, für unsere Ehe und unsere Finanzen Glauben haben, dass wir glauben, vom Geist geleitet zu werden und den Partner für unser Leben zu finden.

Hier ist ein Beispiel aus meinem eigenen Leben für die lächerlichen Dinge, die wir sagen, wenn wir unter Druck stehen.

Eines Abends suchte ich etwas in meinem Haus und hatte Schwierigkeiten es zu finden. Gleichzeitig baten mich verschiedene Familienmitglieder um Hilfe bei Dingen, die sie gerade taten. Ich fühlte, wie Druck in mir hochstieg, und wir wissen alle, dass der Mund lose ist, wenn Druck hochsteigt. In meiner Frustration platzte ich heraus: „Dieses Haus macht mich verrückt! Nie kann ich hier etwas finden!" Sofort richtete Gott meine Aufmerksamkeit auf meine Worte. Er ließ mich ganz genau untersuchen, was ich gerade gesagt hatte. Er sagte mir erstens, dass ich gelogen hatte, weil ich Dinge, nach denen ich im Haus suche, immer finden kann. Nur weil ich einmal etwas nicht fand, bedeutete das nicht, dass ich *nie* Dinge fand.

Wir neigen alle dazu, fürchterlich zu übertreiben, wenn wir uns unter Druck fühlen. Wir machen Dinge größer, sehen sie nicht in ihrer Verhältnismäßigkeit und lassen sie viel schlimmer klingen, als sie wirklich sind. Die achtlosen Worte, die wir in der Hitze des Gefechts aussprechen, haben für uns vielleicht keine große Bedeutung, aber sie haben zweifellos Gewicht im geistlichen Bereich.

Der Herr sagte weiter zu mir: „Joyce, es ist nicht nur eine Lüge, dass du nie etwas findest, sondern es stimmt auch nicht, dass du verrückt wirst! Dein Haus macht dich *nicht* verrückt. Aber wenn du es oft genug sagst, dann vielleicht schon."

Wenn jemand in seiner Familie eine Geisteskrankheit hat, dann hätte es der Teufel nur zu gern, dass dieser ihm eine Tür durch solch dummes Gerede öffnet, damit er den Fluch weitergeben kann.

Du kannst feststellen, dass viele Menschen negative Aussagen über ihre geistige Zurechnungsfähigkeit und ihren geistigen Zustand treffen:

- „Da setzt mein Verstand aus."
- „Ich glaube, ich verliere meinen Verstand."
- „Manchmal kommt es mir so vor, als würde ich verrückt werden."
- „Mein Gehirn arbeitet einfach nicht richtig."
- „Ich vergesse immer Sachen."
- „Ich kann mir überhaupt nichts mehr merken; wahrscheinlich bekomme ich die Alzheimer Krankheit."
- „Ich weiß, wenn das so weitergeht, dann bekomme ich einen Nervenzusammenbruch."
- „Ich bin so dumm, blöd und doof!"

Höre einfach anderen Menschen und dir selbst zu, dann wirst du schnell verstehen, was ich meine.

Einmal spielten mein Mann Dave und ich Golf mit einem Mann, der sich innerhalb von vier Stunden bestimmt ein Dutzend Mal „Dummkopf" nannte. Ich dachte: „Lieber Mann, wenn du eine Ahnung davon hättest, wie du dein eigenes Leben verfluchst, dann würdest du damit aufhören."

Wenn du dich jemals so fühlst, als hättest du ein Problem mit deinem Verstand, dann bete darüber, sprich dann prophetisch Gutes über deine geistigen Fähigkeiten aus, damit deine Zukunft anders wird als deine Vergangenheit.

In der Vergangenheit haben die meisten von uns gebetet und dann die eigenen Gebete mit einem negativen Bekenntnis verleugnet.

Sprich Leben, nicht Tod!

Es ist der Geist, der Leben spendet – er ist derjenige, der Leben produziert; das Fleisch bringt keinerlei Leben – es liegt kein

Ich und meine große Klappe

Nutzen darin. Die Worte (Wahrheiten), die ich zu euch geredet habe, sind Geist und sind Leben.
Johannes 6, 63

Wenn ich vorschlage, dass du prophetisch über deine Zukunft sprechen sollst, meine ich nicht, dass du anderen sagen sollst, was du glaubst, dass du tun oder haben wirst. Es kann eine Zeit dafür geben, aber nicht in diesem Stadium. Ich spreche darüber, dass du zunächst zu *dir selbst* prophetisch reden sollst: während du zur Arbeit fährst, das Haus putzt, im Garten arbeitest, am Auto arbeitest oder deine tägliche Routine erledigst.

Sprich von Glauben erfüllte Worte aus und glaube, wie Jesus sagte, dass die Worte, die du sagst, Geist und Leben sind.

Sprich Leben in dein Leben, nicht Tod.

Wenn du in ein volles Restaurant gehst, sagst du dann: „Wir bekommen wahrscheinlich keinen Tisch, und wenn wir einen bekommen, dann ist es bestimmt ein schlechter mit schlechtem Service"? Oder sagst du: „Ich glaube, dass ich in diesem Restaurant Gunst habe, und dass wir einen guten Tisch und hervorragenden Service bekommen werden"?

Du fragst vielleicht: „Joyce, funktioniert das bei dir wirklich?"

Ich kann nicht ehrlich sagen, dass es bei mir *immer* funktioniert, aber ich möchte lieber positiv bleiben und 50 Prozent gute Ergebnisse vorweisen können, als negativ bleiben und 100 Prozent schlechte Ergebnisse erzielen.

Ein zusätzlicher Nutzen ist, dass ich fröhlicher bin, und Menschen lieber um mich herum sind, wenn ich positiv bin.

Nimm dir jeden Tag nur dreißig Sekunden Zeit und proklamiere, dass Gott dir überall, wohin du gehst, Gunst gibt; die Ergebnisse werden dich bestimmt verblüffen.

Ich erinnere mich daran, wie ich in einen Laden ging und mir Mäntel ansah. Viele von ihnen waren um 50 Prozent reduziert. Ich fand einen, der mir wirklich gefiel, aber ich sah kein Etikett auf ihm, dass er reduziert war. Ich fragte die Verkäuferin, ob er reduziert sei, und sie antwortete: „Nein." Dann sah sie mich an und sagte: „Aber wenn Sie ihn zum halben Preis haben wollen, dann gebe ich ihn Ihnen. Ich würde das sonst für niemanden tun, aber für Sie tue ich es." Ich kannte diese Frau nicht, und sie kannte mich nicht, es gab also keinen „natürlichen" Grund für sie, so zu handeln.

Gott freut sich darüber, seinen Kindern Gunst zu geben. Was Er für mich getan hat, wird er auch für dich tun. Bringe deinen Mund in Einklang mit seinem Wort und sei bereit, gesegnet zu werden. Denke immer daran, Ihm die Ehre und den Dank zurückzugeben.

Gott ist gut, und mehrmals täglich sollten wir Ihm sagen, dass wir dies erkannt haben.

Schmerzen im Fuß

Eines Nachmittags lag ich im Bett und las, als ich plötzlich Schmerzen im Fuß bekam. Ich habe einen Fußballen, der sich manchmal entzündet und schmerzt. Als der Schmerz in meinem Fuß anfing, sagte ich: „Ich weise diesen Schmerz im Namen Jesu zurück. Durch seine Wunden bin ich geheilt. Durch die Macht seines Blutes bin ich heil, und ich werde diesen Schmerz nicht haben."

Sofort kam ein weiterer Schmerz. Ich sagte wieder: „Im Namen Jesu, ich bin geheilt und heil gemacht."

Es schien ein Duell zu sein. Ich sage etwas Positives aus dem Wort Gottes und der Schmerz traf mich erneut. Ich dachte: „Es ist mir egal, wenn ich den ganzen Tag hier liege und das sagen muss, ich werde gewinnen." Ich sagte laut: „Ich bin durch Jesu Striemen geheilt. Dieser Schmerz muss weichen." Ich lag dort auf meinem Bett, und jedesmal, wenn der Schmerz mich traf, traf ich den Teufel mit dem Wort Gottes. Ziemlich bald ging der Schmerz weg und ließ mich für den Rest des Tages in Ruhe.

Wachen und beten

Ihr müsst alle wach bleiben (genau aufpassen, auf der Hut sein) und wachen und beten …
Matthäus 26, 41

Ich und meine große Klappe

Manchmal sind wir schuldig, weil wir nicht beharrlich genug sind, oder weil wir uns einfach mit „dem Mist des Feindes abfinden." Manchmal werden wir geistlich faul. Stattdessen müssen wir auf der Hut und wachsam sein.

Jesu Warnung an seine Jünger, „Wacht und betet", sollte als Erstes in unserem Leben angewendet werden. Sei wachsam gegenüber den Angriffen des Teufels und bete sofort.

Stehe gegen Satan auf, wenn er versucht, einen Fuß in die Tür zu bekommen. So wird er nie eine Festung errichten können.

Lebe im Wort

Der Herr sagte mir einmal: „Bis mein Volk lernt, wie sie als Einzelne mein Wort als Waffe gegen den Feind einsetzen und wie sie prophetisch in ihre Zukunft hineinsprechen können, brauchen sie gar nicht zu hoffen, viel Autorität zu besitzen."

Wir vermischen zu viel in unserem Mund, was dazu führt, dass wir mit Null Kraft handeln. Positives und Negatives zu vermischen ergibt nach Gottes Rechnung keine Kraft.

Das Wort Gottes, das aus dem Mund des Gläubigen kommt, ist ein scharfes Schwert gegen den Feind. In Offenbarung 19,11–15 wird Jesus reitend auf einem weißen Pferd dargestellt, mit einem scharfen Schwert, das aus seinem Mund kommt. Dieses scharfe Schwert ist das Wort Gottes.

In Hebräer 4, 12 lesen wir: „... das Wort, das Gott spricht, ist lebendig und voller Kraft – die es aktiv, wirksam, voller Energie und effektiv macht; es ist schärfer als jedes zweischneidiges Schwert ..." 2. Korinther 10, 4 lehrt uns: „... die Waffen unseres Kampfes sind nicht fleischlich (Waffen aus Fleisch und Blut) ..." Da es keine natürlichen Waffen sind, müssen es geistliche Waffen sein. Das Wort Gottes wirkt im geistlichen Bereich. Es ist eine geistliche (unsichtbare) Waffe, die einen geistlichen (unsichtbaren) Feind bekämpft.

Wir sehen vielleicht den Teufel nicht, aber wir sehen ganz sicher seine Auswirkungen. Ich kann bezeugen, dass ich diese Auswirkungen in meinem ganzen Leben hatte. Ich fing an, diese Prinzipien, die ich dir hier mitteile, anzuwenden, und bald darauf begann ich die Auswirkungen des Wortes in meinem ganzen Leben zu sehen.

Leben besiegt Tod.

Es ist Leben im Wort.

Das Ende von Anfang an verkünden

Denkt [ernsthaft] an das Vorherige, was ich tat von alters her; denn ich bin Gott, und es ist keiner außer mir; ich bin Gott, und es ist keiner wie ich. Ich verkündige von Anfang an das Ende und das Ergebnis, und von alters her die Dinge, die noch nicht geschehen sind, ich sage, mein Ratschluss soll bestehen, und alles, was mir gefällt und was ich beabsichtige, werde ich tun.

Jesaja 46, 9–10

Hier in diesem Abschnitt sagt der Herr: „Ich bin derselbe Gott, der dir in der Vergangenheit geholfen hat, und ich verkündige von Anfang an, wie es am Ende sein wird."

Der Herr ist das Alpha und das Omega, der Anfang und das Ende (Offb. 1, 8). Er ist auch alles dazwischen. Bevor es überhaupt Probleme gibt, weiß er, dass wir siegreich sein können, wenn wir den Kampf auf seine Weise führen. Seine Weise ist keine negative Weise.

Römer 8, 37 sagt, dass wir „mehr als Überwinder" sind. Ich glaube, dies bedeutet, wir können wissen, dass wir gewinnen werden, bevor der Kampf überhaupt beginnt. Anders ausgedrückt, wir können das Ende von Anfang an sehen.

Prophetisch über unsere Zukunft zu reden heißt, buchstäblich von Anfang an zu verkünden, was am Ende geschehen wird.

Verkünde und handle!

Ich habe von Anfang an das Vorherige verkündet [was in Israels Vergangenheit geschah]; aus meinem Mund ist es gekommen und ich machte es bekannt; dann habe ich es plötzlich getan und es geschah, sagt der Herr.

Jesaja 48, 3

Ich und meine große Klappe

Beachte das Grundprinzip der Handlungsweise Gottes: Zuerst verkündet Er etwas, dann tut Er es.

Dieses Prinzip erklärt, warum Gott die Propheten sandte. Sie kamen und sprachen auf die Erde von Gott eingegebene und von Gott angeordnete Worte, die Gottes Willen vom geistlichen in den natürlichen Bereich hinüberbrachten. Jesus kam nicht auf die Erde, bevor nicht die Propheten zuerst über Hunderte von Jahren von Ihm gesprochen hatten. Gott handelt nach geistlichen Gesetzen, die Er aufgestellt hat. Wir können sie nicht ignorieren.

Sähen und Ernten ist ein anderes geistliches Gesetz, das wir auf Erden beobachten können, aber es wirkt auch im geistlichen Bereich. Wir sähen materielle Saat, und wir ernten materielle Segnungen aller Art.

Worte sind auch Samen. Wir sähen Worte und ernten entsprechend dem, was wir gesät haben.

Gott wollte, dass die halsstarrigen Israeliten wussten, dass Er es war, der die großen Taten in ihrem Leben vollbringen würde, deshalb verkündete Er sie vorher. Wir sind nach seinem Ebenbild erschaffen, sollen seinem Beispiel folgen und das tun, was Er tut.

Rede prophetisch und ziehe Nutzen daraus

Deshalb habe ich dir die zukünftigen Dinge damals gesagt; bevor sie geschahen, kündigte ich sie dir an, damit du nicht sagen konntest, mein Götze tat sie, und mein geschnitztes Bild und mein geschmolzenes Bild haben sie befohlen. Du hast [diese vorhergesagten Dinge] gehört, jetzt siehst du ihre Erfüllung. Und wirst du sie nicht bezeugen? Ich zeige dir von jetzt an deutlich Neues, sogar Verborgenes – die in Reserve gehalten sind –, die du noch nicht wusstest. Sie sind jetzt geschaffen [durch das prophetische Wort in Existenz gerufen], und nicht vor langer Zeit; und vor dem heutigen Tag hast du noch nie von ihnen gehört, damit du nicht sagen kannst: Siehe, ich wusste es schon!

Jesaja 48, 5–7

Bitte beachte, dass der Herr zum Ausdruck brachte, dass die Dinge, die Er tun wollte, durch das prophetische Wort in Existenz gerufen worden waren. Das ist es, was du und ich tun müssen. Das Wort des Herrn aussprechen und es proklamieren – *bevor es geschieht.*

Du sagst vielleicht: „Aber ich bin kein Prophet!"

Du brauchst nicht „im Amt eines Propheten zu stehen", um prophetisch zu reden. Du kannst jederzeit über dein eigenes Leben prophetisch reden (Gottes Wort aussprechen).

Verkünde Neues in deinem Leben!

Siehe, das Frühere ist geschehen, und ich verkündige jetzt Neues; bevor es hervorsprießt, lasse ich es euch hören.

Jesaja 42, 9

In diesem bestätigenden Vers, in dem Gott zu seinem Volk Israel spricht, sehen wir, dass der Herr neue Dinge verkündet, bevor sie geschehen.

Wenn du so bist wie ich, dann bin ich sicher, dass du für einige neue Dinge in deinem Leben bereit bist und darauf wartest. Du brauchst einige Veränderungen, und dieses Buch zu lesen ist Gottes Wille und Zeitpunkt für dich.

Obwohl ich diese Prinzipien kenne, muss auch ich gelegentlich daran erinnert werden. Manchmal haben wir es alle nötig, bezüglich Dingen, die wir schon wissen, „angefacht" zu werden. Es ermutigt uns, wieder damit zu beginnen, nach machtvollen Prinzipien zu handeln, die uns verloren gegangen sind.

Wenn du der alten Dinge überdrüssig bist, dann höre damit auf, über die alten Dinge zu sprechen. Willst du etwas Neues? Dann beginne damit, neue Dinge zu verkünden. Verbringe Zeit mit Gott. Reserviere dir eine besondere Zeit für das Studium seines Wortes. Finde heraus, was sein Wille für dein Leben ist. Lass dich nicht länger vom Teufel herumschubsen.

Sei nicht das Sprachrohr des Teufels.

Finde heraus, welche Zusagen Gottes Wort für dich hat, und beginne, das Ende von Anfang an zu verkünden. Statt zu sagen: „Nichts wird sich jemals ändern!" sage: „In meinem Leben und in meinen Umständen finden jeden Tag Veränderungen statt."

Ich und meine große Klappe

Ich hörte die Geschichte eines Arztes, der nicht gläubig war, aber der die Macht des Prinzips, das ich dir hier mitteile, erkannt hatte. Er verordnete seinen Patienten, nach Hause zu gehen und mehrmals täglich zu wiederholen: „Es geht mir jeden Tag immer besser." Er hatte solch wunderbare Ergebnisse, dass die Leute von überall auf der Welt zu ihm kamen, um sich seinen Dienst zunutze zu machen.

Erstaunlich! Gott sagte es zuerst, und ein Mensch bekommt die Anerkennung dafür.

Tu es auf Gottes Weise!

Jesus sagte: „Ich bin der Weg, folgt mir nach" (vgl. Joh. 14, 6; 12, 26).

Wir sehen nie, dass Jesus negativ ist oder negativ spricht.

Du und ich sollten seinem Beispiel folgen.

Sage über deine Situation, was du glaubst, dass Jesus sagen würde, und öffne die Tür für die wunderwirkende Macht Gottes.

5
Wie werde ich Gottes Sprachrohr?

So soll das Wort, das aus meinem Mund geht, sein; es soll nicht leer – ohne Wirkung, nutzlos – zu mir zurückkommen, sondern es soll das vollbringen, was mir gefällt und was ich beabsichtige, und es soll ihm gelingen, wozu ich es ausgesandt habe.

Jesaja 55, 11

Die Propheten waren das Sprachrohr Gottes. Sie waren berufen, Gottes Wort zu verkünden über Menschen, Situationen, Städte, trockene Knochen, Berge oder was immer es war, das Gott ihnen auftrug, zu sprechen. Um ihre von Gott eingesetzte Berufung zu erfüllen, mussten sie sich dem Herrn unterordnen und ihr Mund musste sein Mund sein.

Wer von Gott gebraucht werden möchte, muss es zulassen, dass Er an ihm arbeitet, was seinen Mund und das anbelangt, was aus ihm herauskommt. Normalerweise haben Menschen, die die Gabe „zum Reden" haben, auf diesem Gebiet auch eklatante Schwächen.

Ich spreche aus Erfahrung.

Sprich nur, wenn Gott durch dich spricht

Da wir verschiedene Gaben (Fähigkeiten, Talente, Begabungen) haben, die unterschiedlich sind gemäß der Gnade, die uns gegeben ist, lasst sie uns gebrauchen: [Der, dessen Gabe] Prophetie [ist], [lasst ihn prophetisch reden] gemäß seinem Maß an Glauben.

Römer 12, 6

Als ein Diener des Evangeliums bin ich ein Sprachrohr im Leib Christi. Ich habe das wunderbare Vorrecht, das Wort in der ganzen Welt zu lehren.

Ich und meine große Klappe

Ich lehre viel.

In Römer 12, 6 und 7 schreibt der Apostel Paulus zusammengefasst: „Wenn ihr als Lehrer berufen seid, dann lehrt." Genau das tue ich schon viele Jahre lang. Ich glaube, dass Gott mir sagte, dass ich bei allem, was ich tue, meine Lehrgabe einsetzen sollte, die er mir zugeteilt hat.

Unabhängig von unserem besonderen Dienst im Leib Christi ist jeder von uns auf irgendeine Art ein Sprachrohr Gottes. Egal, ob wir einen weltweiten Lehrdienst haben oder ob wir die Fähigkeit bekommen, unseren Kollegen Zeugnis zu geben. Gott möchte, dass wir unseren Mund für Ihn gebrauchen.

Ein weiser Mann sagte einmal zu mir: „Joyce, Gott hat dir das Ohr von vielen gegeben. Bleib gebrochen und sprich nur, wenn Gott durch dich spricht."

Wenn du auch auf irgendeine Weise Gottes Wort lehrst, dann biete ich dir denselben Rat an: Lerne nur dann zu sprechen, wenn Gott durch dich spricht.

Wenn wir wollen, dass die Worte aus unserem Mund Gottes Kraft beinhalten, dann muss unser Mund Ihm gehören.

Ist dein Mund Gottes Mund? Hast du deinen Mund Ihm wirklich für seine Zwecke gegeben? Das Herz eines Menschen kann sich verhärten als Folge davon, dass er Entschuldigungen für sein Verhalten parat hat.

Lange Zeit habe ich meine „Mundprobleme" mit meiner Persönlichkeit entschuldigt oder mit dem Missbrauch in meiner Vergangenheit oder damit, dass ich mich schlecht fühlte oder ich so müde war.

Die Liste der Entschuldigungen, die wir erstellen, warum wir nicht in Übereinstimmung mit Gottes Willen und Wort sind, ist endlos lang.

Letztendlich bekam der Heilige Geist meine volle Aufmerksamkeit, so dass ich allmählich die Verantwortung für meine Worte übernehmen musste. Ich muss immer noch einen weiten Weg gehen, aber ich stelle fest, dass ich schon Fortschritte gemacht habe, weil ich die Ebene echter Buße erreicht habe.

Wie werde ich Gottes Sprachrohr?

Die Verantwortung, ein Lehrer zu sein

Nicht viele [von euch] sollten Lehrer werden (selbst ernannte Kritiker und Tadler anderer), meine Brüder, denn ihr wisst, dass wir [Lehrer] nach einem höheren Maßstab und strenger beurteilt werden [als andere Menschen]. – Deshalb übernehmen wir die größere Verantwortung und erhalten ein härteres Urteil. Denn wir alle straucheln oft, fallen und verfehlen auf vielen Gebieten. Und wenn jemand das Wort nicht verfehlt – nie das Falsche sagt –, dann hat er einen vollkommenen Charakter und ist ein perfekter Mensch und ist auch fähig, seinen ganzen Leib und sein ganzes Wesen im Griff zu haben.

Jakobus 3, 1–2

Wir wissen, dass Gott an jedem arbeitet, aber ich glaube, dass es eine strengere Richtlinie für die gibt, die Lehrer des Wortes sind.

Von Lehrern wird erwartet, dass sie ein gewisses Maß an Reife und Selbstbeherrschung mitbringen, das ein Beispiel für diejenigen ist, die Gott unter ihre Führung stellt. Du musst Christus selbst nachfolgen und ihnen „den Weg" durch deinen Lebensstil genauso zeigen wie durch das Wort Gottes.

In 1. Timotheus 3, 2 schrieb der Apostel Paulus, dass geistliche Leiter selbstbeherrscht sein müssen. Ich bin sicher, dass ein Gebiet, auf dem sie diese Frucht des Geistes üben sollen, der Mund ist.

Wer darin geübt ist, Gottes Sprachrohr zu sein, wird häufig gebraucht werden, um andere zu ermutigen, zu trösten und aufzuerbauen. Es gibt Zeiten für Korrektur und Tadel, aber auch Zeiten dafür, das „rechte Wort zur rechten Zeit" an die Erschöpften zu richten.

Bringe Trost

Ein Mann hat Freude an der treffenden Antwort seines Mundes, und ein Wort zu seiner Zeit, wie gut!

Sprüche 15, 23 (*Elberfelder*)

Goldene Äpfel in silbernen Prunkschalen, so ist ein Wort, geredet zu seiner Zeit.

Sprüche 25, 11 (*Elberfelder*)

Ich und meine große Klappe

[Der Diener Gottes sagt:] Gott, der Herr, hat mir eine Zunge gegeben, wie sie Jünger haben und solche, die Lehre empfangen, damit ich dem Müden ein Wort zu rechter Zeit zu sagen weiß. Jeden Morgen weckt er mich, er weckt mein Ohr, dass ich höre, wie Jünger hören – wie einer, der gelehrt wird.

Jesaja 50, 4

Diese drei Abschnitte verdienen es, dass wir über sie nachdenken. Es sind wirklich großartige Schriftstellen. Was ist es für ein großer Segen, von Gott dazu gebraucht zu werden, andere froh zu machen.

Wir können Menschen mit den Worten aus unserem Mund segnen. Wir können ihnen Leben zusprechen. Die Macht zum Leben und zum Tod ist in der Zunge Gewalt (Spr. 18, 21). Wir können uns dafür entscheiden, Leben auszusprechen. Wenn wir auferbauen oder aufrichten, dann bringen wir Menschen vorwärts. Denke mal darüber nach: allein durch unsere Worte können wir Menschen zurückhalten oder vorwärts bringen.

Eltern sollten sehr vorsichtig damit sein, wie sie mit ihren Kindern und über sie sprechen. Eltern zu sein ist eine wunderbare Verantwortung. Gott legt in die Elternrolle Autorität hinein. Als Eltern haben Ehepaare Autorität über das Leben ihrer Kinder, bis diese Kinder alt genug sind, ihr eigenes Leben zu führen. Wegen dieser Autorität können die Worte der Eltern ein Kind ermutigen oder entmutigen. Die Worte der Eltern können heilen oder verwunden.

Wenn ein Kind von einem Lehrer oder einem anderen Kind verletzt wurde, dann können die Eltern von Gott dazu gebraucht werden, diesem Kind zu helfen, sich schnell zu erholen und wieder Selbstvertrauen zu bekommen. Harte Worte jedoch oder Worte ohne Verständnis können die Wunde noch verschlimmern.

Wenn Kinder Fehler machen, was in den Jahren der Kindheit zigmal passiert, müssen Eltern wissen, wie sie sie „an ihren Weg gewöhnen" (siehe Spr. 22, 6; *Luther*), wie sie sie „in der Zucht und Ermahnung des Herrn" erziehen (Eph. 6, 4).

Es ist sehr wichtig, dass Eltern nicht zulassen, dass sich ein Kind dumm, ungeschickt oder als Versager fühlt. Wenn sie nicht weise mit ihren Worten umgehen, kann das leicht geschehen.

Wie werde ich Gottes Sprachrohr?

Kinder sind zerbrechlich. Bis zu einem bestimmten Grad sind sie formbar in ihren jungen Jahren. In den Jahren, in denen sie geformt werden, ist es lebensnotwendig, dass Eltern ihnen helfen, sich sicher und geliebt zu fühlen. Heutzutage haben so viele Eltern selbst sehr große Probleme und stehen unter Druck. So nehmen sie sich oft nicht die Zeit, ihren Kindern bezüglich deren Herausforderungen zu dienen. Es besteht die Tendenz zu denken: „Das ist nur Kinderkram, ich habe wichtigere Probleme, mit denen ich mich befassen muss."

Wenn du Kinder hast und du siehst sie leiden, denke daran, dass du ihnen „ein Wort zur rechten Zeit" mitteilst, ein Wort, das sie heilt und ermutigt.

Die Gabe der Ermutigung

Deshalb ermutigt (ermahnt, erbaut) euch gegenseitig und baut euch gegenseitig auf – stärkt einander und richtet euch auf –, wie ihr es ja auch tut.
1. Thessalonicher 5, 11

Von der „Gabe der Ermutigung" wird in Römer 12, 8 gesprochen. Es ist eine der Gaben des Dienstes, die der Heilige Geist auf bestimmte Menschen legt.

In Johannes 14, 26 wird der Heilige Geist der „Helfer" genannt. Er ermutigt Menschen in ihrem Wachstum in Gott und ermutigt sie, alles zu sein, was sie zur Ehre Gottes sein können. Als ein Helfer und ein Ermutiger salbt Er andere für diesen Dienst.

Du und ich müssen sehen und erkennen, dass *Ermutigung ein Dienst ist* – ein sehr notwendiger Dienst. Es sind zu jeder Zeit eine Menge Menschen in der Gemeinde, die bereit sind, aufzugeben, wenn nicht etwas geschieht, das sie ermutigt. Als Mutmachende können du und ich wirklich manche davon abhalten, zurückzugehen und aufzugeben.

Im selben Vers wird der Heilige Geist auch der „Beistand" genannt. Mutmachende Menschen bringen Trost, sie bringen andere dazu, sich besser zu fühlen – bezüglich sich selbst, bezüglich ihrer Umstände, bezüglich der Vergangenheit, der Gegenwart, der Zukunft, bezüglich allem, was sie betrifft.

Ich und meine große Klappe

Wie wir in 1. Thessalonicher 5, 11 gesehen haben, wies der Apostel Paulus die frühen Christen an, mit der gegenseitigen Ermutigung weiterzumachen.

Jeder, der ein Sprachrohr Gottes sein will, muss entweder die Gabe der Ermutigung schon ausüben oder sie entwickeln.

Manche Menschen haben auf diesem Gebiet ein großes Talent. Ich kenne viele Leute, die wahre Meister im Auferbauen sind. Alles, was aus ihrem Mund kommt, ist etwas, womit es anderen besser geht.

Mein Dienst ist nicht Ermutigung, aber ich habe gelernt, wie wichtig er ist, und versuche immer daran zu denken, dass Menschen verletzt sind und Ermutigung brauchen.

Hüte dich vor schmutziger Rede

Lasst kein faules oder schmutziges Gerede, kein böses Wort noch verdorbenes oder nutzloses Reden [jemals] aus eurem Mund kommen, sondern nur solche [Rede], die gut und nützlich ist für das geistliche Weiterkommen anderer, was für ihre Bedürfnisse und in ihre Situation passt, damit es denen, die es hören, ein Segen ist und Gnade (Gottes Gunst) bringt.

Epheser 4, 29

Manche Menschen glauben, dass sie dazu berufen sind, jeden zu korrigieren. Gott gibt in der Tat Gaben, die Korrektur mit sich bringen. Der Apostel Paulus hatte auf diesem Gebiet eine starke Gabe. Er sagte, dass er Menschen durch die Gnadengabe, die er besaß, korrigierte (Röm. 12, 3).

Aber Menschen, die nur korrigieren und nie auferbauen, aufrichten, ermutigen oder trösten wollen, sind aus dem Gleichgewicht. Alles, was nicht im Gleichgewicht ist, fällt schließlich um.

Gott möchte den Mund von Menschen anrühren und sie als sein eigenes Sprachrohr benutzen. Es gibt viel zu sagen und viele, die es hören müssen. Ich bitte dich inständig, lass Gott auf diesen sehr wichtigen Gebieten an dir arbeiten und erkenne wie Jesaja, dass wir ohne Gottes reinigende Kraft alle Menschen mit unreinen Lippen sind (Jes. 6, 5).

6
Beklage dich und bleibe stehen, lobe Gott und lass dich erheben

Da antwortete Jesus und sprach zu ihnen: Murrt nicht untereinander.
Johannes 6, 43 (*Elberfelder*)

Sich beklagen ist eine Sünde! Es ist eine pervertierte Form von Kommunikation, die vielen Menschen eine Menge Probleme in ihrem Leben bereitet. Außerdem öffnet es dem Feind viele Türen.

Erinnerst du dich, wir haben bereits festgestellt, dass Worte Macht beinhalten. Jammernde Worte voller Klage tragen eine zerstörerische Macht in sich. Sie zerstören die Freude desjenigen, der sich beschwert, und können auch auf andere Menschen, die ihnen zuhören eine negative Wirkung haben.

Wie wir schon gesehen haben, lehrt uns der Apostel Paulus in Epheser 4, 29, dass wir keine faule oder schmutzige Sprache gebrauchen sollen. Früher wusste ich nicht, dass dazu auch das Klagen gehört, aber jetzt habe ich gelernt, dass es sehr wohl dazugehört.

Jammern und Klagen verschmutzen unser Leben und klingen für den Herrn wahrscheinlich wie Fluchen. Für Ihn ist es eine Verschmutzung durch Worte.

Verschmutzen ist Vergiften.

Hast du dir jemals in aller Ruhe deutlich gemacht, dass wir unsere Zukunft vergiften können, indem wir uns über das, was gerade geschieht, beklagen? Wenn wir uns über unsere gegenwärtige Lage beklagen, dann bleiben wir darin; wenn wir dagegen Gott inmitten der Schwierigkeiten loben, dann werden wir von Ihm aus ihnen herausgehoben.

Ich und meine große Klappe

Die beste Art und Weise jeden Tag zu beginnen ist mit Dankbarkeit und Danksagung. Komm dem Teufel zuvor. Wenn du deine Gedanken und Gespräche nicht mit guten Dingen anfüllst, dann wird er sie ganz sicher mit schlechten Dingen anfüllen.

Wirklich dankbare Menschen klagen nicht. Sie sind zu sehr damit beschäftigt, für das Gute, das sie haben, dankbar zu sein. Sie haben gar keine Zeit, auf Dinge zu achten, über die sie sich beklagen könnten.

Die Welt wird von zwei Mächten, von Gut und Böse, beherrscht. Die Bibel lehrt uns, dass das Gute das Böse überwindet (Röm. 12, 21) und wir müssen das Gute dazu erwählen. Wenn wir uns selbst mit einer negativen (bösen) Situation konfrontiert sehen, dann können wir sie mit Gutem überwinden.

Lobpreis und Danksagung ist gut, Klagen und Jammern ist schlecht.

Die Zunge kann Gesundheit oder Krankheit herbeiführen

Ein gelassenes Herz und ein ruhiger Verstand sind Leben und Gesundheit für den Leib, aber Neid, Eifersucht und Zorn sind wie verrottete Knochen.

Sprüche 14, 30

Neben der Tatsache, dass Jammern und klagen Gift für die Zukunft sind, vergiften sie auch die Gegenwart. Jemand, der schimpft und sich beschwert, ist möglicherweise auch viel krank. Worte können den physischen Körper angreifen. Sie können Heilung bringen oder die Tür für Krankheit öffnen.

Krankheit führt Krankheit herbei!

Gemäß Sprüche 15, 4 hat die Zunge heilende Kraft: „Eine freundliche Zunge [mit ihrer heilenden Kraft] ist ein Baum des Lebens, aber halsstarrige Widerspenstigkeit in ihr zerbricht den Geist."

Denke darüber nach: Jemand, der ein ruhiges und gelassenes Gemüt hat, hat Gesundheit für seinen Körper. Aber, wie wir in Sprüche 14, 30 gesehen haben, kann „vorsätzliche Widerspenstigkeit" wie Neid, Eifersucht und Zorn den physischen Leib wirklich zerstören.

Zorn ist Wut, und die meisten Menschen, die sich beklagen, sind über etwas wütend. Außerdem glaube ich, dass wir sicher sagen können, dass Menschen, die jammern, schimpfen und klagen, keinen ruhigen und gelassenen Sinn haben.

Lobpreis und Danksagung setzen körperliche Energie und Heilung frei. Es gab viele Zeiten in meinem Leben, in denen ich mich körperlich krank oder schlecht fühlte, aber wenn ich dann Gott entweder in der Gemeinde oder zu Hause gelobt habe, erfuhr ich eine Befreiung von allen negativen Symptomen. Dasselbe hast du wahrscheinlich auch schon erlebt.

Ich denke, man sollte sich morgens nach einem guten Schlaf wunderbar fühlen, aber ich habe festgestellt, dass ich mich in Zeiten, in denen mein Körper angegriffen wird, morgens schlechter fühle als zu anderen Zeiten. Dadurch, dass ich mich selbst am Riemen gerissen und morgens regelmäßig qualitativ hochwertige Zeit, einschließlich Lobpreis und Danksagung, mit dem Herrn verbracht habe, hat sich schon oft mein körperlicher Zustand verbessert.

Jammern und Klagen öffnen die Tür für Zerstörung

Wir sollten den Herrn nicht versuchen – seine Geduld auf die Probe stellen, für ihn zur Plage werden, ihn kritisch beurteilen oder seine Güte ausnutzen –, wie manche von ihnen es getan haben – und von giftigen Schlangen getötet wurden; klagt auch nicht voller Unzufriedenheit, wie manche von ihnen es getan haben – und vom Zerstörer [dem Tod] völlig aus dem Weg geschafft wurden. Dies widerfuhr ihnen als ein Vorbild – als ein Beispiel und eine Warnung [an uns]; von ihnen ist geschrieben, um uns zu ermahnen und zu trainieren im rechten Handeln durch gute Lehre; uns, in deren Tagen die Zeiten ihren Höhepunkt – ihre Vollendung und ihren Schluss – erreicht haben.

1. Korinther 10, 9–11

Gott nimmt es persönlich, wenn wir uns beklagen. Es bedeutet für Ihn, dass wir seine Güte ausnutzen. Gott ist gut und Er will hören, dass wir Ihm und anderen von seiner Güte erzählen. Wenn wir jammern, nörgeln und meckern, beklagen wir uns voller Unzufriedenheit über den Gott, dem wir dienen.

Ich und meine große Klappe

Die Israeliten nutzten Gottes Güte aus und beschwerten sich, und sie wurden durch den Zerstörer völlig aus dem Weg geschafft. Dies wird, wie die Bibel sagt, uns zur Lehre im Alten Testament berichtet und im Neuen Testament wiederholt. Mit anderen Worten, damit wir ihre Fehler sehen können und nicht dieselben machen. Sie beschweren sich und erfuhren Tod und Zerstörung. Wir sollten ihr Beispiel zu Herzen nehmen und uns nicht so verhalten wie sie.

Lobpreis und Danksagung öffnen die Tür zum Leben

Wer seinen Mund hütet und seine Zunge bewahrt, der erspart seiner Seele manche Not.
Sprüche 21, 23 (Schlachter)

Wer auf seinen Mund achtgibt, behütet seine Seele; wer aber immer das Maul aufsperrt, tut's zu seinem Unglück.
Sprüche 13, 3 (Schlachter)

Diese Bibelstellen bestätigen, dass jemand, der seine Worte im Zaum hält, sich vor Verderben bewahren kann, aber dass jemand, der seine Worte nicht im Zaum hält, Zerstörung in sein eigenes Leben bringen kann.

Als die Israeliten in die Wüste gingen, war Klagen eines der Probleme, an dem Gott bei ihnen wiederholt arbeiten musste. Die Reise von Ägypten bis ins Gelobte Land hätte elf Tage gedauert (5. Mose 1, 2), aber nach vier Jahrzehnten wanderten die Israeliten immer noch in der Wüste von Tod und Zerstörung umher.

Jesus dagegen ging mit einer großartigen Einstellung in seine Wüste der Erprobungen. Er lobte Gott weiterhin, weigerte sich, sich zu beklagen, und das Ergebnis war, dass Gott Ihn von den Toten zu einem neuen Leben auferweckte.

Das sollte uns eine Lehre sein. Wir sollten uns vor der Versuchung hüten, uns zu beklagen und zu jammern, und uns stattdessen gezielt dafür *entscheiden*, das Opfer des Lobpreises und der Danksagung zu bringen (Hebr. 13, 15).

Wir können uns beklagen und stehen bleiben oder Gott loben und uns von Ihm erheben lassen.

Die Macht der Danksagung

Sorgt euch um nichts, sondern in allen Umständen und in allen Dingen lasst Gott eure Gebete und Bitten (erklärten Wünsche) mit Danksagung wissen.

Philipper 4, 6

Das Wort Gottes sagt eine Menge über Danksagung, und ich persönlich glaube, dass es das Gegenmittel gegen das Gift des Klagens ist.

Ich sollte an diesem Punkt vielleicht betonen, dass meiner Meinung nach das Klagen ein großes Problem unter Gläubigen ist. Es ist schon so weit verbreitet, dass wir manchmal, wenn wir Gott um etwas bitten und Er unser Gebet beantwortet, wir uns beklagen, dass wir uns um die Sache, um die wir Ihn gebeten hatten, kümmern müssen. Wir müssen die Versuchung, dass wir uns beklagen, behandeln wie die Pest, weil es auf unser Leben ähnliche Auswirkungen hat. Klagen schwächt uns, wohingegen Danksagung Kraft freisetzt – Kraft, die Antworten auf unsere Gebete bringt.

Mir scheint es, dass uns der Apostel Paulus in Philipper 4, 6 zu verstehen gibt, dass Danksagung unsere Bitten auf die Seite der Bitten bringt, die von Gott anerkannt werden.

Ich erinnere mich daran, dass ich Gott einmal um etwas bat, und Er fragte: „Warum sollte ich dir mehr geben? Du beschwerst dich doch schon über das, was du hast."

Dankbar zu sein ist ein Zeichen von Reife. Es zeigt, dass wir geistlich reif genug sind, mit jeglicher Art Beförderung oder Erhöhung umzugehen.

Dankbar zu sein kann auch ein Opfer sein. Wenn wir uns nicht danach fühlen, wenn unsere Umstände es uns nicht gebieten, dann kann Danksagung eine Opfergabe sein, die im Glauben gemacht wird, in Gehorsam, weil wir den Herrn lieben und sein Wort ehren wollen.

Danksagung als ein Opfer

Opfere Gott Dank und erfülle dem Höchsten deine Gelübde.
Psalm 50, 14 (Luther)

Ich und meine große Klappe

Oh, dass die Menschen Gott preisen [und sich zu ihm bekennen] würden für seine Güte und Freundlichkeit und seine wunderbaren Werke, die er an den Menschenkindern tut. Und lasst sie das Opfer des Lobpreises bringen und seine Taten mit Freudenrufen und Singen verkündigen!

Psalm 107, 21–22

Dir will ich ein Dankopfer bringen, anrufen will ich den Namen des Herrn!

Psalm 116, 17 (*Elberfelder*)

Beachte, dass der Psalmendichter in Psalm 116, 17 sagt, er würde den Namen des Herrn anrufen, aber erst, nachdem er das Opfer des Lobpreises gebracht hat.

Ich weiß, dass es viele Zeiten gegeben hat, in denen ich versuchte, die Macht im Namen Jesu anzurufen, damit sie mir helfen sollte, während ich mich gleichzeitig beschwerte.

Es liegt keine positive Kraft darin, sich zu beklagen. Im Klagen ist Kraft, aber es ist eine negative (böse) Kraft. Wenn wir wollen, dass die Kraft Gottes in unserem Leben freigesetzt wird, dann geschieht dies bestimmt nicht dadurch, dass wir uns beklagen.

Preise und danke Ihm jederzeit

Deshalb lasst uns durch ihn beständig *und* allezeit *das Opfer des Lobpreises darbringen, das die Frucht der Lippen ist, die seinen Namen dankbar bekennen und preisen und ehren.*

Hebräer 13, 15

Wir sollten nicht nur dann Gott loben und das Opfer des Lobpreises bringen, wenn es einen Grund dazu gibt. Es ist so einfach zu danken und zu preisen, wenn wir einen Grund dazu haben. Aber dann ist es kein Opfer.

Wir sollten natürlich jederzeit Lobpreis und Danksagung bringen und daran denken, Gott für all die Segnungen in unserem Leben und für die Gnade, die Er uns erwiesen hat, zu danken. Wenn wir eine Liste der Segnungen aufstellen würden, dann würde uns schnell klar werden, wie gut wir es wirklich haben. Wir nehmen viele Dinge als selbstverständlich hin, weil wir davon im Überfluss haben, während Menschen in anderen Ländern sich für reich halten würden, wenn sie diese Dinge besäßen.

Sauberes, frisches Wasser ist ein Beispiel dafür. In Indien und vielen anderen Teilen der Welt ist Wasser etwas, das nicht leicht zu bekommen ist. Manche Menschen müssen mehrere Kilometer weit gehen, nur um den Tagesbedarf zu decken. Wir nehmen Bäder, schwimmen, erledigen den Abwasch damit, waschen unsere Haare, kochen damit usw. Wir können es heiß oder kalt haben, so oft wir und so viel wir wollen. Manchmal, wenn ich eine heiße Dusche nehme, besonders, wenn ich müde bin, höre ich auf für heißes Wasser zu danken.

Es gibt vieles, wofür wir dankbar sein können, wenn wir uns dafür entscheiden, dass wir jemand sein wollen, der jederzeit Dank opfert. Das Fleisch sucht nach Dingen, über die es sich beklagen kann, aber der Geist sucht nach Gründen, um Gott die Ehre zu geben.

In Philipper 2, 14 ermahnt uns der Apostel Paulus: „Tut *alles* ohne Murren und Kritisieren und Klagen [gegen Gott], ohne es [unter euch] in Frage zu stellen oder es zu bezweifeln."

In 1. Thessalonicher 5, 18 sagt er uns: „Dankt [Gott] *für alles* – egal, wie die Umstände auch sein mögen, seid dankbar und sagt Dank, denn dies ist der Wille Gottes für euch [die ihr] in Christus [seid, dem Offenbarer und Vermittler dieses Willens]."

In Epheser 5, 20 schreibt er schließlich: „*Zu allen Zeiten* und *für alles* dankt im Namen unseres Herrn Jesus Christus Gott unserem Vater."

Aus diesen Bibelstellen sehen wir, dass wir es nicht nur vermeiden sollen, zu murren, zu kritisieren, uns zu beklagen, in Frage zu stellen und zu zweifeln, sondern dass wir auch „zu allen Zeiten", „in allen Umständen", „für alles" danken sollen. Das heißt nicht, dass wir Gott *für* die negativen Dinge in unserem Leben danken sollen, sondern dass wir Ihm *trotz* ihner danken sollen.

Es ehrt den Herrn sehr, wenn wir uns weigern, uns in einer Situation zu beklagen, in der die natürliche Welt sich beschweren würde.

Ich und meine große Klappe

Gehe den zweiten Schritt und weigere dich nicht nur, dich zu beklagen, sondern entscheide dich auch dafür, mitten in deinen Umständen dankbar zu sein.

Denke daran, du musst es „willentlich" tun – du wirst dich nicht immer danach fühlen. Du kannst Kraft in deinem eigenen Leben freisetzen.

Ein Leben voller Lobpreis ist ein Leben voller Kraft!

Betrübe nicht den Heiligen Geist

Und betrübt nicht Gottes Heiligen Geist (verärgert ihn nicht, greift ihn nicht an und macht ihn nicht traurig), durch welchen ihr versiegelt (gekennzeichnet, gebranntmarkt als Gottes Eigentum, sicher) seid für den Tag der Erlösung – der endgültigen Befreiung durch Christus vom Bösen und von den Folgen der Sünde.

Epheser 4, 30

Ich hörte diese Bibelstelle lange, bevor ich erkannte, dass den Heiligen Geist zu betrüben mit dem Mund zusammenhängt. Um diesen Vers richtig verstehen zu können, müssen wir ihn im Zusammenhang mit jeweils dem vorhergehenden und nachfolgenden Vers lesen:

Lasst kein faules oder schmutziges Gerede, kein böses Wort noch verderbtes oder nutzloses Reden [jemals] aus eurem Mund kommen, sondern nur solche [Rede], die gut und nützlich ist für das geistliche Weiterkommen Anderer, was für ihre Bedürfnisse und in ihre Situation passt, damit es denen, die es hören, ein Segen ist und Gnade (Gottes Gunst) bringt. Und betrübt nicht Gottes Heiligen Geist (verärgert ihn nicht, greift ihn nicht an und macht ihn nicht traurig) durch welchen ihr versiegelt (gekennzeichnet, gebranntmarkt als Gottes Eigentum, sicher) seid für den Tag der Erlösung – der endgültigen Befreiung durch Christus vom Bösen und von den Folgen der Sünde. Alle Bitterkeit und Entrüstung und Zorn (Wut, Rage, schlechte Laune) und Groll (Grimm, Feindseligkeit) und Streit (Rauferei, Geschrei, Zank) und Verleumdung (üble Nachrede, beleidigende oder lästerliche

Sprache) sei ferne von euch, und auch alle Bosheit (Gehässigkeit, Böswilligkeit oder jegliche Niederträchtigkeit).

Epheser 4, 29–31

Basierend auf diesem Abschnitt scheint es mir, dass es den Heiligen Geist betrübt, wenn wir andere schlecht behandeln oder auf schändliche Weise mit ihnen reden. Es betrübt Ihn auch, wenn wir böse reden, dazu gehören auch *negatives Reden, Klagen, Murren* und alle anderen damit zusammenhängenden Arten zu reden.

Ebenso sehen wir basierend auf diesem Abschnitt, dass wir im Heiligen Geist „versiegelt" sind. Manchmal stelle ich mir das so vor, als wären wir in einem mit einem Klettverschluss verschlossenen Frischhaltebeutel. Nichts, was uns zerstören könnte, kann zu uns gelangen, solange wir dieses Siegel respektieren.

Wenn wir ein Stück Brot in einen mit einem Klettverschluss verschlossenen Frischhaltebeutel legen, bleibt es frisch, solange wir darauf achten, dass keine Luft in die Tasche gelangt. Aber wenn wir nachlässig werden und zulassen, dass das Siegel bricht, dann wird das Brot innerhalb weniger Stunden alt und hart.

Ich denke, dass unser Leben genauso ist. Wenn wir den Heiligen Geist respektieren und Ihn nicht beleidigen, angreifen oder traurig machen, dann schützen wir unser Siegel.

Ein klagender, kritischer und nörgelnder Geist

Lasst keine Unflätigkeit (Obszönität, Unanständigkeit) oder närrisches und sündhaftes (dummes und verdorbenes) Reden noch Fluchen unter euch sein, was euch nicht ansteht oder zu euch passt; sondern drückt mit eurer Stimme eure Dankbarkeit [Gott gegenüber] aus.

Epheser 5, 4

Was Paulus uns hier sagt, ist: „Statt den Heiligen Geist zu beleidigen, Ihn anzugreifen oder traurig zu machen, *drückt eure Dankbarkeit Gott gegenüber aus.*"

Der klagende, kritische und nörgelnde Geist muss unbedingt aus der Gemeinde ausgerottet werden.

Ich und meine große Klappe

Hast du dich heute beschwert?
Du solltest lieber ehrlich sein ... denn Gott weiß es!

Wir werden uns niemals ändern und dahin kommen, wo wir hin sollen, wenn wir nicht zuerst der Wahrheit ins Auge sehen und zugeben, wo wir stehen.

Du denkst vielleicht: „Ja, schon, ich habe mich beschwert, aber ich habe schließlich auch einen guten Grund dazu. Wenn du so behandelt würdest wie ich, wenn du so ein Leben führen würdest wie ich, dann würdest du dich auch beklagen."

Vor langer Zeit musste ich erkennen, dass Entschuldigungen jeder Art mich nur dort festhalten, wo ich gerade bin; sie hindern mich daran, vorwärts zu gehen.

In Johannes 8, 31–32 sagte Jesus: „Wenn ihr in meinem Wort bleibt, so ... werdet ihr die Wahrheit erkennen, und die Wahrheit wird euch freisetzen" (freie Wiedergabe des Autors). Die Wahrheit wird uns frei machen, aber wir müssen sie zuerst bei uns selbst anwenden.

Der Heilige Geist kümmert sich darum, uns zu überführen. Er ist die treibende Kraft der Heiligung. Er vollbringt den Prozess der Heiligung in uns. Jesus pflanzt die Saat in uns, seine eigene Saat, und dann lehrt uns der Heilige Geist das Wort und bewässert dadurch die Saat. Er sieht uns auch als Garten Gottes, der angebaut wird, und Er hält uns freundlicherweise frei von Unkraut. Ausreden sind wie Unkraut; wenn man nicht aufpasst, bekommen sie Früchte.

Ich war jemand, der sich beschwerte, ich war kritisch und ich nörgelte herum.

Es ist eine Tatsache, dass ich auf diesem Gebiet ein großes Problem hatte. Wenn ich davon frei werden konnte, dann kann jeder frei werden. Ich hatte viele wirklich negative Umstände in meinem Leben. Ich war oft missbraucht worden und hatte im Natürlichen vieles, über das ich mich beklagen konnte. Aber eben die Tatsache, dass ich mich beschwerte, liess mich da stehen bleiben, wo ich war.

Mir scheint es, dass Menschen, die sich in Krisen befinden, meistens auch süchtig danach sind, zu klagen und zu kritisieren. Diese beiden negativen Züge treten immer zusammen auf.

Beklage dich und bleibe stehen, lobe Gott und lass dich erheben

Die Probleme setzen einen Kreislauf in Gang. Zuerst trifft jemand auf einige unangenehme Umstände, also beschwert er sich, was wiederum dazu führt, dass er in diesen Umständen stecken bleibt. Dann schickt Satan noch ein anderes Unglück, welches noch stärkeres Klagen nach sich zieht. Jetzt hat derjenige schon zwei Sachen, über die er sich beschweren kann.

Wenn dieser Kreislauf weitergeht, ist er bald in einem Strudel von Problemen und Beschwerden gefangen und es wird für ihn zu einem Lebensstil. Der betreffende fühlt sich benachteiligt und unterdrückt. Oft fühlt er sich auch einsam.

Menschen mit einer kritischen Haltung haben Schwierigkeiten, Freundschaften aufrecht zu erhalten. Sie sind süchtig nach ihren Problemen, und nach einer gewissen Zeit sind es die anderen einfach müde, dauernd von ihren Wehwehchen zu hören, und fangen an, sie zu meiden – außer wenn Klagende und Zuhörer gleich sind; dann ist es ein Fall von „Ein Unglück kommt selten allein".

Klagen ist so, als würde man nach dem Teufel pfeifen.

Ich hatte einmal einen Hund namens Buddy. Wenn er draußen war und ich wollte, dass er hereinkommt, dann pfiff ich nach ihm und rief: „Hierher, Buddy, hierher, Buddy". Und schon kam er hereingerannt.

Wenn wir uns beklagen, dann ist das genau dasselbe. Wir rufen nach dem Teufel, der ganz schnell kommt und uns noch mehr Unglück schickt.

Wenn du und ich uns dazu entscheiden, dass wir uns nicht beklagen, dann kann ich dir schon im Voraus sagen, dass es eine große Herausforderung sein wird. Uns ist oft gar nicht bewußt, wie oft wir uns beklagen, bis jemand oder etwas (wie dieses Buch) kommt und unsere Aufmerksamkeit darauf lenkt.

Wie schnell werden wir ungeduldig und fangen an, uns zu beklagen, wenn wir im Verkehrsstau stecken, oder wenn wir im Supermarkt oder Bekleidungsgeschäft an der Kasse anstehen müssen? Wie schnell finden wir alle Fehler unserer Freunde oder Familienmitglieder heraus? Beklagen wir uns über unsere Arbeitsstelle, statt Gott dafür zu danken,

Ich und meine große Klappe

dass wir eine haben? Beklagen wir uns darüber, dass alles so teuer ist, statt Gott dafür zu danken, dass wir einkaufen gehen können?

Ich könnte hier natürlich noch vieles aufzählen, aber ich glaube, dass jeder von uns den Bereich in seinem eigenen Leben erkennt, auf dem er ein Problem mit Beklagen hat.

Ich musste die harte Wahrheit erkennen, dass ein kritischer Geist oft seine Wurzeln im Stolz hat. In einer stolzen Person kommt Entrüstung hoch, wenn sie in einer unbequemen Situation ist. Entrüstung ist eine Haltung, die sagt: „Ich sollte nicht in dieser Situation sein müssen. Ich sollte besser behandelt werden, von Gott und/oder anderen Menschen." Die Haltung ist: „Tausende von anderen können ruhig in dieser Situation sein, aber nicht ich!"

Bis wir uns nicht demütigen und erkennen, wie gesegnet wir sind, dass wir überhaupt etwas haben, werden wir nie aufhören, uns darüber zu beklagen, was wir nicht haben. Lass uns lernen, das anzuerkennen, was Menschen für uns tun, und lass uns aufhören, uns über das zu beklagen, was sie nicht tun.

Mein Mann zum Beispiel ist nicht der Typ Mann, der mir an besonderen Tagen Blumen kauft, aber er ist sehr anpassungsfähig und jemand, mit dem man extrem gut auskommt. Es gab viele Geburtstage, Hochzeitstage und Valentinstage, an denen ich ihn dafür kritisierte, dass er nicht mehr tat. Er sagte dann immer: „Wenn du etwas willst, dann gehe ich mit dir und kaufe dir alles, was wir uns leisten können." Aber als Frau wollte ich natürlich, dass er in den Einkaufszentren etwas für mich kauft und mich zu Hause damit überrascht. Ich schimpfte vor Gott darüber, schäumte innerlich vor Wut – war zornig, verletzt, und beleidigt – und bemitleidete mich selbst. All das tat mir überhaupt nicht gut und änderte meinen Mann nicht ein bisschen.

Dave ist ein absolut wunderbarer Mann, freundlich und großzügig. Er lässt mich fast alles tun, was ich tun will, und kauft mir alles, was ich will, wenn das Geld dafür da ist. Er sieht gut aus, achtet gut auf seinen Körper, sagt mir fast täglich, dass er mich liebt, und ist sehr zärtlich.

Ich kann auf das sehen, was er nicht ist, und unglücklich sein, oder ich kann auf das sehen, was er ist, und dankbar sein!

Wer sagt denn, dass ich perfekt bin! Wir sind doch alle gleich. Wir haben Stärken und Schwächen, und wenn wir eine gute Beziehung zueinander haben wollen, dann müssen wir die Betonung auf die guten Eigenschaften legen und dürfen den negativen Eigenschaften nicht so viel Beachtung schenken.

Eine undankbare Generation

Aber du sollst verstehen, dass in den letzten Tagen schlimme Zeiten mit viel Stress und Ärger – den man nur schwer in den Griff bekommt und der schwer zu ertragen ist – kommen werden. Denn die Menschen werden sich selbst lieben und [total] um sich selbst kreisen, sie werden geldgierig und von einem unangemessenen [gierigen] Wunsch nach Reichtum getrieben sein, stolz und hochmütig und prahlerisch. Sie werden beleidigend (gotteslästernd, spöttisch) sein, den Eltern ungehorsam, undankbar, *unheilig und gottlos.*

2. Timotheus 3, 1–2

Wie Paulus vor langer Zeit vorhergesagt hat, leben wir in einer undankbaren Generation. Anscheinend schätzen die Menschen es immer weniger, je mehr sie haben.

Wir als Gläubige leben in der Welt, aber wir müssen danach streben, nicht wie sie zu sein. Je mehr sich andere um uns beklagen, desto mehr sollten wir unsere Dankbarkeit Gott gegenüber ausdrücken.

Helle Lichter in einer dunklen Welt

Tut alles ohne Murren und Kritisieren und Klagen [gegen Gott] und ohne [unter euch] in Frage zu stellen oder zu zweifeln. Damit ihr ohne Tadel und ohne Flecken seid, unschuldig und nicht verunreinigt, Kinder Gottes ohne Makel (fehlerlos, tadellos) inmitten einer verdorbenen und verkehrten Generation – [geistlich] pervertiert und pervers, unter der ihr als helle Lichter – Sterne oder hell leuchtende Signalfeuer – in der [finsteren] Welt gesehen werdet.

Philipper 2, 14–15

Ich und meine große Klappe

Dieser Abschnitt betont das, worüber ich hier schreibe. Wir sollten es vermeiden uns zu beklagen, weil es heutzutage der Geist der Welt ist. Wir sollten der Welt zeigen, wie Gott ist. Wir sollten Jesus nacheifern und seinem Beispiel folgen, indem wir helle Lichter sind, die in diese finstere Welt hineinleuchten.

Es ist eine neue Generation Menschen herangewachsen, von der viele keinerlei göttliche Prinzipien gelehrt bekamen. Ihnen wurde in der Schule nichts über Gott und auch zu Hause nicht das Beten beigebracht. Sie haben einige traurige Beispiele von geistlichen Leitern gesehen, die öffentlich gefallen sind, und da sie kein festes Fundament haben, schließen sie leicht daraus, dass „Religion" ein Haufen Mist ist.

Wir sollen lebendige Briefe sein, die von den Menschen gelesen werden (siehe 2. Kor. 3, 2).

Wir brauchen der Welt keine Religion zu zeigen, die oft heuchlerisch ist und anderen nur sagt, was sie tun sollen, es aber oft selbst nicht tut. Wir müssen ihnen Jesus zeigen, durch einen Lebensstil, der seine Prinzipien hochhält. Diese Verse im Philipperbrief dürfen nicht auf die leichte Schulter genommen werden in Bezug auf das Gebot, niemand zu sein, der sich beschwert oder kritisiert; wir sollen auch keine Nörgler sein. Uns wird geboten, anders als die Welt zu sein, damit wir der Welt eine andere Lebensweise zeigen können.

Eine tägliche Herausforderung

Freut euch immerzu, weil ihr mit dem Herrn verbunden seid, und noch einmal sage ich: Freut euch! Alle sollen sehen, wie freundlich und gütig ihr zueinander seid. Der Herr kommt bald! Macht euch keine Sorgen, sondern wendet euch in jeder Lage an Gott und bringt eure Bitten vor ihn. Tut es mit Dank für das Gute, das er euch schon erwiesen hat.
Philipper 4, 4–6 (*Die Gute Nachricht*)

Du und ich müssen es uns zu einer täglichen Herausforderung machen, nicht über Dinge zu klagen oder herumzukritisieren. Das bedeutet nicht, dass wir keine Situationen korrigieren sollen, die Korrektur benötigen. Es bedeutet nicht, dass wir mit unseren Köpfen in den Wolken schweben und so tun, als würde es nichts Negatives geben.

Beklage dich und bleibe stehen, lobe Gott und lass dich erheben

Es bedeutet ganz einfach, dass wir es uns zu einem Lebensziel machen, so positiv wie möglich zu sein.

Klage nicht, wenn dir Klagen doch nicht gut tut.

Das Problem beginnt im Herzen und kommt aus dem Mund. Zuerst ist eine Veränderung der eigenen Einstellung nötig, und dann wird sich die Frucht der Lippen ändern.

Versuche abends ins Bett zu gehen und dabei über alles nachzudenken, worüber du dankbar sein kannst. Lass es auch das Erste sein, was du morgens tust. Danke Gott für „kleine" Sachen: einen Parkplatz, den Er dich finden ließ; dafür, dass du rechtzeitig aufgewacht bist, um zur Arbeit zu gehen, dafür, dass du gehen oder sehen oder hören kannst, für deine Kinder.

Entwickle eine „Haltung voller Dankbarkeit". Mache es zu einer „täglich neuen" Herausforderung. Sei nicht entmutigt, wenn du Fehler machst und wirf nicht das Handtuch, gib nicht auf. Bleibe dran, bis du neue Gewohnheiten entwickelt hast.

Wir sind gut darin, für unsere Bedürfnisse zu beten und unsere Bitten vor Gott zu bringen. Aber wie viele von uns denken daran, Gott dafür zu danken, wenn die Antwort kommt? Wir geben unseren Kindern gerne, was sie brauchen und worum sie bitten, aber wir fühlen uns ausgenutzt, wenn sie „das Zeug nur packen und davonrennen", ohne uns zu sagen, dass sie sich darüber freuen. Wenn sie ihre Freude zeigen und daran denken, „danke" zu sagen, und besonders, wenn sie es mehr als einmal sagen und es ihnen wirklich ernst ist, dann motiviert uns das, noch mehr für sie tun zu wollen.

Gott geht es mit uns genauso.

Sei großzügig mit deiner Dankbarkeit und es wird deine Beziehung zum Herrn angenehmer machen.

Beklagen im Voraus

Siehe, wie fein und lieblich ist's, wenn Brüder [Familienmitglieder] einträchtig beisammen wohnen!

Psalm 133, 1 (*Schlachter*)

Ich und meine große Klappe

Unser ältester Sohn David und seine Frau verkauften einmal ihr kleines Häuschen und kauften sich ein neues Haus. Das einzige Problem war, dass ein Monat zwischen ihrem Auszug aus ihrem alten Häuschen und ihrem Einzug in ihr neues Haus lag, und sie nicht wussten, wo sie in dieser Zeit wohnen sollten. Natürlich boten mein Mann und ich ihnen an, bei uns zu bleiben.

Es ist interessant, dass es für David und mich sehr schwer gewesen war, miteinander auszukommen, als er noch zu Hause wohnte. Wir sind ziemlich ähnliche Persönlichkeiten, wir haben beide einen starken Willen, was auf engem Raum nicht immer gut zusammenpasst.

Seit dieser Zeit kamen wir gut miteinander aus. Er arbeitet für uns, und das funktioniert gut, aber zusammen im selben Haus zu wohnen, war etwas anderes. Es war nichts Negatives passiert, aber in mir kam dauernd „was, wenn" hoch.

Jedesmal, wenn Dave und ich die Straße entlangfuhren, wollte mein Mund damit anfangen, über negative Dinge zu sprechen, die passieren könnten: „Was ist, wenn morgens für mich kein heißes Wasser mehr übrig ist, nachdem jeder geduscht hat? Was ist, wenn sie ein Chaos hinterlassen und ich aufräumen muss?"

Es war bis dahin noch nichts Schlimmes passiert. David und seine Frau waren noch nicht einmal eingezogen. Und trotzdem wollte mein Mund schon im Voraus über Katastrophen sprechen. Satan wollte, dass ich prophetisch über meine Zukunft spreche. Er wollte, dass ich schon im Voraus der Situation gegenüber kritisch war.

Wenn der Teufel uns dazu bringt, negativ zu sein, dann kann er uns negative Umstände liefern. Wir rufen oft unsere eigenen Probleme selbst herbei. Wir „sprechen über Dinge, die nicht sind, wie wenn sie wären", aber wir tun es im negativen Sinn.

Siehst du, diese göttlichen Prinzipien, die ich dir hier mitteile, wirken nicht nur im Positiven, sie wirken auch im Negativen – wenn wir negativen Samen säen.

Mein Mixer funktioniert, egal, was ich hineingebe. Wenn ich Eis und Milch hineinschütte, dann bekomme ich ein Milchshake. Wenn ich Wasser und Schmutz hineingebe, dann bekomme ich Matsch. Der

Mixer arbeitet. Er ist dazu geschaffen, zu arbeiten. Es kommt auf mich an, für was ich mich entscheide hineinzuschütten. Was ich hineingebe, werde ich herausbekommen.

Dasselbe gilt für unseren Verstand, unser Herz und unseren Mund. Was hineingeht, wird auch herauskommen – Gutes oder Schlechtes. David und Shelly wohnten also diesen Monat bei uns, und alles klappte wunderbar. Ich wusste damals schon genug über diese Prinzipien, um der Versuchung zu widerstehen, mich im Voraus zu beklagen, und ich bitte dich inständig, dass auch du dich vor dieser Versuchung in Acht nimmst. Immer wenn ich versucht war, negative Worte auszusprechen, sagte ich: „Es wird gut gehen, wenn David und Shelly bei uns wohnen. Es wird kein Problem sein. Ich bin sicher, dass jeder gut mithelfen und aufmerksam gegenüber den Bedürfnissen der anderen sein wird."

David und ich haben einen Spaß daraus gemacht, dass wir 30 Tage unter demselben Dach miteinander auskamen. Wir wollen beide gerne Recht bekommen, deshalb sagte er: „Ich sage dir etwas, Mama. Lass uns abwechselnd Recht bekommen. In den 30 Tagen, in denen wir zusammen sind, bekommst du 15 Tage Recht, und ich bekomme auch 15 Tage Recht." Wir lachten beide und hatten eine gute Zeit miteinander.

Sähe Samen für eine zukünftige Ernte

Ich weiß, wie es ist, niedrig zu sein und demütig in einfachen Umständen zu leben, und ich weiß auch, wie es ist, vieles zu genießen und im Überfluß zu leben ...

Philipper 4, 12

Wie wir aus seinem Brief an die Philipper sehen, beschwerte sich Paulus nicht in harten Zeiten, die wir alle einmal durchmachen, besonders am Anfang.

In unserem eigenen Fall hat Gott unseren Dienst gesegnet und uns viel Gnade gegeben. Wir sind in der Lage, unsere Zusammenkünfte und Seminare in vielen großen Gemeinden und Konferenzzentren in ganz Amerika abzuhalten. Aber es fing nicht so an. Wie die meisten Menschen hatten wir einen sehr kleinen Anfang. Wir haben gelernt,

Ich und meine große Klappe

dass wir diese Tage nicht verachten und uns nicht darüber beklagen sollen (siehe Sach. 4, 10).

Einer der ersten Hotelsäle, die wir für ein Seminar anmieteten, erwies sich als sehr heruntergekommen und wenig attraktiv. Wir reisten von unserer Heimatstadt St. Louis, Missouri, in einen anderen Staat der USA, um die Versammlung abzuhalten, und hatten den Raum telefonisch reserviert, ohne ihn vorher gesehen zu haben. Natürlich hatten die Leute vom Hotel gesagt, dass er schön und der Service gut sei.

Als wir ankamen, wehte ein starker Wind, und das Erste, was wir sahen, war, dass einige Dachziegel auf dem Parkplatz lagen.

Die Stühle im Saal waren in sehr schlechtem Zustand. Bei einigen ragte die Füllung durch Risse aus der Polsterung. Auf anderen klebten Essensreste, oder sie hatten Flecken.

Die Klimaanlage funktionierte nicht ordentlich, und jedes Mal, wenn man die Temperatur im Raum ändern wollte (was sehr oft der Fall war, weil es entweder zu heiß oder zu kalt wurde), musste jemand vom Hotel während der Konferenz in den Saal kommen und auf eine Leiter klettern. Er musste durch die Decke aufs Dach klettern und dort etwas anpassen, weil die Zimmerregler nicht funktionierten.

Als wir über die Situation nachdachten und erkannten, dass wir nichts dagegen tun konnten, weil das erste Treffen schon in etwa fünf Stunden beginnen sollte, *begannen wir uns alle zu beklagen* – was in einer solchen Situation ja „natürlich" ist.

Sofort fing der Heilige Geist an, an mir zu arbeiten und mir aufs Herz zu legen, dass wir, wenn wir es durch die erste Zeit schaffen würden, ohne uns zu beklagen, ein festes Fundament für die Zukunft legen würden. Er zeigte mir, dass wir schließlich zu den schönsten Orten gehen könnten, dass wir aber nie zu besseren Dingen „befördert" würden, wenn wir nicht jetzt Samen für die Zukunft säen würden.

Sich Beklagen wäre auch ein Samen für die Zukunft gewesen, aber ein Same, der mehr von dem hervorgebracht hätte, worüber wir uns beklagten. Den Samen der Dankbarkeit *in* – nicht *für* – die Situation zu säen, der wir gegenüberstanden, würde später eine große Ernte hervorbringen.

Ich sammelte unser ganzes Reiseteam um mich (das damals aus etwa einem halben Dutzend Leute bestand) und sagte ihnen, was mir der Heilige Geist gezeigt hatte. Wir wurden uns alle einig, dass wir uns über nichts im Hotel beschweren wollten. Wir suchten absichtlich nach etwas Positivem, worüber wir sprechen konnten.

Das Ergebnis war, dass wir eine sehr erfolgreiche Konferenz hatten und eine lebenswichtige Lektion gelernt hatten, die sich für die Zukunft vielfach auszahlen sollte.

Ein Vorgeschmack auf das Gute in der Zukunft

Und er [Abraham], nachdem er lange und geduldig gewartet hatte, erkannte und erlangte [in der Geburt Isaaks als ein Pfand für das, was noch kommen sollte], was Gott ihm verheißen hatte.

Hebräer 6, 15

In diesem Vers sagt der Schreiber des Hebräerbriefes, dass Isaak ein Pfand für das war, was kommen sollte.

Gott versprach Abraham nicht nur ein Baby, Er versprach ihm, dass er der Vater vieler Nationen sein würde. Viele Menschen haben heute ein „Pfand" oder einen kleinen Vorgeschmack auf das Gute, das Gott in seinem Plan für sie hat.

In 1. Könige 18, nach einer langen Zeit der Dürre, die Elia prophezeit hatte, gebot ihm Gott, dass er gehen und dem bösen König Ahab Regen ankündigen solle. Elia sprach das Wort Gottes im Glauben aus, ohne ein äußeres Anzeichen für Regen. Dann stieg er auf den Gipfel eines Berges und begann zu beten. Als er betete, schickte er seinen Diener zu einem höheren Punkt, um den Himmel zu beobachten. Sechsmal ging der Diener hin und kam mit der Nachricht zurück, dass der Himmel sonnig und wolkenlos sei. Das siebte Mal kam er schließlich zurück und berichtete: „Ich sehe eine Wolke so groß wie die Hand eines Mannes." Gemessen an der Größe des Himmels ist das sehr klein, aber es war genug, dass Elia dazu angespornt wurde, den nächsten Glaubensschritt zu unternehmen. Er schickte Ahab die Nachricht: „... Spann an und fahre hinab, damit der Regen dich nicht aufhält" (*Luther*, Vers 44).

Ich und meine große Klappe

Diese Wolke, auch wenn sie sehr klein war, war der Anfang eines großen Regens (Vers 45). Sie war ein Pfand oder ein Vorgeschmack auf das Gute, das noch kommen sollte.

Nur ein Same

Wer verachtet [zu Recht] den Tag des geringen Anfangs?
Sacharja 4, 10

Wahrscheinlich können die meisten von uns, die Gott für etwas glauben, einen Beweis für einen kleinen Anfang finden: einen kleinen Samen, eine Wolke so groß wie die Hand eines Mannes.

Freue dich über diesen Samen. Er ist ein Zeichen für Größeres, das noch kommen wird. Verfluche deinen Samen nicht, indem du dich darüber beklagst.

Gott gibt uns Samen, weil wir dadurch Hoffnung bekommen, vielleicht nur etwas Kleines, aber etwas ist besser als gar nichts. Wir sollten sagen: „Herr, es ist nur etwas Kleines, aber danke, dass du mir Hoffnung schenkst, etwas, woran ich mich festhalten kann. Danke, Herr, dass ein Anfang gemacht ist."

Nimm diesen Samen und pflanze ihn ein, indem du Glauben darüber hast.

Der Heilige Geist zeigte mir, dass ich eine Menge meines Samens wegwarf.

Wenn wir etwas verachten, dann sehen wir es geringschätzig an. Wir nehmen keine Notiz davon und zählen es als nichts. Wir achten nicht darauf. Wenn wir nicht auf das achten, was Gott uns gibt, dann verlieren wir es.

Wenn wir den Samen verlieren, werden wir nie die Ernte sehen.

In einem Teil von Hebräer 13, 5 heißt es zusammengefasst: „Seid zufrieden mit dem, was ihr habt."

Lass uns wie Paulus sein: Lass uns *lernen*, wie es ist, niedrig zu sein, und wie es ist, im Überfluss zu leben – und zu lernen in beiden Fällen zufrieden zu sein, weil wir wissen, dass jeder Teil ein Teil des ganzen Bildes ist.

Beklage dich und bleibe stehen, lobe Gott und lass dich erheben

In dieser Bibelstelle heißt es weiter: „Denn Er [Gott] selbst hat gesagt: Ich will dich nie ... fallen lassen."

Deshalb können wir – durch den Glauben – mit einem kleinen Anfang zufrieden sein. Wir wissen, dass der Herr der Urheber und der Vollender ist (siehe Hebr. 12, 2). Was Er beginnt, führt Er auch zum Ende (vgl. Phil. 1, 6). Er wird es für uns tun – *wenn* wir in unserem Glauben festbleiben bis zum Ende (siehe Hebr. 3, 6).

7
Auf die andere Seite übersetzen

Ich werde mit euch nicht mehr viel reden, *denn der Fürst (böse Geist, Herrscher) dieser Welt wird kommen. Und er hat keinen Anspruch auf mich – er hat nichts mit mir gemeinsam; in mir ist nichts, was ihm gehört, und er hat keine Macht über mich.*
Johannes 14, 30

Er wurde misshandelt, er wurde gepeinigt, [dennoch] war er willig und öffnete seinen Mund nicht; *wie ein Lamm, das zum Schlachten geführt wird, und wie ein Schaf vor seinen Scherern stumm ist, so* öffnete er seinen Mund nicht.
Jesaja 53, 7

Die Zeiten, in denen es uns am schwersten fällt, unseren Verstand, unseren Mund, unsere Launen und Haltungen zu disziplinieren, sind die Zeiten, in denen es stürmisch ist. Wir erleben die Stürme des Lebens alle in unterschiedlichen Stärken, bei uns allen wird der Glaube geprüft und herausgefordert, und *wir alle müssen lernen, wie wir uns im Sturm verhalten sollen!*

Solche Bibelstellen wie Johannes 14, 30 und Jesaja 53, 7 haben immer mein Interesse geweckt. Ich verstand die Botschaft nicht, die sie übermittelten, bis der Heilige Geist mir offenbarte, dass sie sich auf den Mund und den Sturm bezogen.

Als Jesus den stärksten Druck erlebte, „entschied" Er, dass es weise sein würde, wenn Er seinen Mund nicht öffnete. Warum? Ich glaube, dass es deswegen war, weil Er, als Er Mensch war, versucht gewesen wäre, dasselbe zu tun wie du und ich: zu zweifeln, Gott in Frage zu stellen, sich zu beklagen, etwas Negatives zu sagen etc.

Wenn man unter Druck steht, sagt sogar ein sehr reifer Christ Dinge, die er nicht sagen sollte, wenn nur der Druck stark und lange genug anhält.

Ich und meine große Klappe

Jesus ist der Sohn Gottes, Er ist selbst Gott, aber Er kam zu uns in Menschengestalt. Der Schreiber von Hebräer 4, 15 sagt: „… der [Jesus] in allem in gleicher Weise wie wir versucht worden ist, doch ohne Sünde."

Ich glaube, wenn unser Herr mit kritischen Situationen konfrontiert war, in denen Er sich der Versuchung bewusst war, fruchtlose Dinge zu sagen, beschloss Er und erklärte mit Absicht, stiller zu sein als gewöhnlich.

Dies ist für jeden eine weise Entscheidung in Zeiten voller Stress. Statt aus aufgebrachten Emotionen oder verletzten Gefühlen heraus zu sprechen, ist es immer das Beste, still zu sein und zu warten, bis sich der Gefühlssturm gelegt hat.

Die Segnungen sind unterwegs

An demselben Tag, als es Abend geworden war, sagte er zu ihnen: Lasst uns hinüber zur anderen Seite [des Sees] fahren.
Markus 4, 35

Es ist immer aufregend, wenn Jesus uns sagt: „Lasst uns etwas Neues machen." Für mich ist der Satz „Lasst uns hinüber zur anderen Seite fahren" gleichbedeutend mit „Beförderung kommt" oder „Segnungen sind unterwegs" oder „Kommt höher herauf" oder mit jedem anderen Satz, den der Herr gebraucht, um uns mitzuteilen, dass es an der Zeit für eine Veränderung ist.

Ich bin sicher, dass die Jünger neugierig waren zu sehen, was „auf der anderen Seite" geschehen würde. Was sie nicht erwarteten oder vorhersahen, dass unterwegs ein Sturm wüten würde!

Glaube ist für die Mitte

Und es erhob sich ein starker Windwirbel [von Ausmaßen eines Orkans] und die Wellen schlugen in das Boot, so dass es schon voll wurde. Aber er [selbst] war hinten [im Boot] und schlief auf dem [Leder-]Kissen; und sie weckten ihn und sagten zu ihm: Meister, kümmert es dich nicht, dass wir untergehen?
Markus 4, 37–38

Die Jünger waren auf der Mitte des Weges wahrscheinlich nicht annähernd so neugierig wie an seinem Anfang.

Obwohl Gott uns oft für ein neues Ziel ruft, lässt Er uns normalerweise nicht wissen, was auf dem Weg dorthin geschehen wird. Wir verlassen unsere gegenwärtige Sicherheit und gehen in Richtung Segnungen auf der anderen Seite, aber oft stoßen wir mitten auf dem Weg auf Stürme.

In der Mitte findet oft eine Prüfung statt.

Der Sturm war in vollem Gange und Jesus schlief! Klingt das vertraut? Hat es je Zeiten gegeben, in denen du glaubtest, dass du sinkst – und Jesus schläft? Du betest und betest und hörst nichts von Gott. Du verbringst Zeit mit Ihm und versuchst, seine Gegenwart zu spüren, doch du spürst nichts. Du suchst nach einer Antwort, aber wie stark du auch gegen den Wind und die Wellen ankämpfst, der Sturm wütet weiter – und du weisst nicht, was du dagegen tun kannst.

Wir sprechen von solchen Zeiten manchmal als der „Mitternachtsstunde" oder der „dunklen Nacht der Seele".

Dieser Sturm, dem sich die Jünger ausgesetzt sahen, war kein kleiner Frühlingsschauer oder harmloser Sommerregen, sondern *ein Sturm mit den Ausmaßen eines Orkans.* Die Wellen plätscherten nicht ruhig, sondern sie schlugen mit einer solchen Wucht ins Boot, dass es schnell voll Wasser wurde.

Nun, das würde reichen, um jeden Menschen zu verängstigen.

In diesen Zeiten, in denen es so aussieht, als würde das Boot mit uns sinken, müssen wir unseren Glauben „anwenden". Wir können über den Glauben reden, Bücher über ihn lesen, Predigten über ihn hören, Lieder über ihn singen, aber im Sturm müssen wir ihn *anwenden.*

In solchen Zeiten erkennen wir auch, wie viel Glauben wir wirklich haben.

Glaube wird, wie Muskeln, dadurch gestärkt, dass er „gebraucht" wird, nicht dadurch, dass wir darüber sprechen. Jeder Sturm, durch den wir gehen, rüstet uns dafür aus, besser durch den nächsten zu kommen. Schon bald werden wir ein solch guter Steuermann, dass

Ich und meine große Klappe

uns der Sturm gar nicht mehr stört. Wir sind schon vorher durchgegangen, und wir wissen schon, wie es enden wird.

Alles wird gut werden!

Gemäß den Aussagen in der Bibel sind wir mehr als Überwinder (Röm. 8, 37). Für mich bedeutet das, dass wir schon wissen, dass wir gewinnen werden, noch bevor der Kampf beginnt. Um unser Ziel zu erreichen, müssen wir durch den Sturm gehen, was nicht immer Spaß macht, aber welch ein Segen ist es, zu wissen, dass wir in Christus Jesus den Sieg haben.

Glaube ist für solche Zeiten, in denen wir noch nichts im natürlichen Bereich sehen. Glaube ist für die Mitte.

Es ist nicht viel Glaube dafür nötig, etwas Neues zu beginnen – der Anfang und das Ende sind beide aufregende Zeiten, aber oh weh, die Mitte! Dennoch müssen wir alle über die Mitte gehen, um auf die andere Seite zu kommen.

Jesus wollte, dass Ihm seine Jünger glaubten. Er hatte gesagt: „Lasst uns auf die andere Seite fahren." Er erwartete von ihnen zu glauben, dass es auch geschehen würde, wenn Er es gesagt hatte. Aber wie wir hatten sie Angst.

Den Sturm gestillt, die Jünger getadelt

Und er stand auf und bedrohte den Wind und sagte zum See: „Schweig! Sei still!" Und der Wind hörte auf [sank zur Ruhe, als wäre er durch sein Tosen erschöpft] und es war (sofort) eine große Stille – ein völliger Frieden. Er sagte zu ihnen: Warum seid ihr so eingeschüchtert und ängstlich? Warum habt ihr keinen Glauben – kein festes Vertrauen?

Markus 4, 39–40

Jesus stillte den Sturm, aber Er tadelte die Jünger für ihren Mangel an Glauben.

Warum tat Er das?

Es ist für unsere Zukunft außerordentlich wichtig, dass wir im Glauben – in unserem Vertrauen auf Gott – wachsen. Wenn Jesus uns erlauben würde, in Angst zu verharren, und Er unser ganzes Leben lang alle Stürme für uns stillen würde, ohne uns zu korrigieren, dann würden wir nie lernen, weiter auf die andere Seite zu gehen.

Eine Sache, die sich bei uns ändern muss, ist unsere Reaktion auf die Stürme des Lebens. Es steht fest, dass wir wachsen müssen, was die Selbstbeherrschung und Disziplin unseres Mundes anbelangt. Wie wir schon festgestellt haben, können wir die „Zunge nicht zähmen" ohne Gottes Hilfe, aber Er wird auch nicht alles für uns tun.

Halte durch! Hilfe ist unterwegs!

So lasst uns, ohne zu wanken, die Hoffnung, die wir haben, sowie das Bekenntnis dieser Hoffnung aufgreifen und daran festhalten, denn er, der es versprochen hat, ist verlässlich (sicher) und treu seinem Wort.

Hebräer 10, 23

Es ist nicht genug, positiv zu sein und Glauben auszusprechen, wenn all unsere Umstände positiv sind.

Es ist an der Zeit, auf die andere Seite hinüberzugehen, an der Zeit, weiter hinaufzugehen.

Es ist an der Zeit für uns, an unserem Glaubensbekenntnis festzuhalten (Hebr. 10, 23) und Stürme auszuhalten, weil wir wissen, dass Gott seine Augen auf alles hält, einschließlich auf uns und den Sturm. Er ist treu, und wir können uns an seiner Hand festhalten, weil wir wissen, dass Er nicht zulassen wird, dass wir sinken.

Eine Quelle mit bitterem und süßem Wasser

Aus demselben Mund kommen Segen und Fluch. Dies, meine Brüder, soll nicht so sein. Lässt denn eine Quelle [gleichzeitig] aus derselben Öffnung frisches und bitteres Wasser fließen?

Jakobus 3, 10–11

Wir sollten dafür kämpfen, „doppelzüngiges Reden" auszumerzen – also in guten Zeiten positiv und in harten Zeiten anders zu reden.

Ich und meine große Klappe

Wir sollten alles dransetzen, keine Quellen zu sein, die süßes Wasser in süßen Zeiten und bitteres Wasser in bitteren Zeiten hervorbringen.

Jesus erlitt denselben Druck und dieselben Versuchungen wie wir, und trotzdem blieb Er immer derselbe (Hebr. 13, 8). Er musste in den Stürmen des Lebens seinen Mund und sein Reden disziplinieren, und wir müssen das auch.

Es sollte unser Ziel sein, Kontrolle über unsere Zunge zu erlangen. Es ist ein Zeichen von Reife. Das ist eine Art und Weise, Gott die Ehre zu geben.

Halte die Zunge im Zaum

Wenn jemand meint, er sei Gott wohlgefällig – befolgt fromm die äußeren Gebote seines Glaubens – und hält seine Zunge nicht im Zaum, sondern betrügt sein eigenes Herz, dann ist sein Gottesdienst wertlos (umsonst, fruchtlos).

Jakobus 1, 26

Liebe Freunde, das ist eine starke Aussage. Wir können alle möglichen „guten Werke" tun, die als das Ergebnis unserer religiösen Überzeugungen angesehen werden könnten, aber wenn wir unsere „Zunge nicht im Zaum halten", dann sind sie alle wertlos.

Ich weiß nicht, wie es dir geht, aber mich lässt dies noch ernsthafter werden in Bezug auf alles, was mit Worten, Zunge und Mund zu tun hat.

Zaumzeug ist im *Webster's Dictionary* definiert als: „Harnisch, bestehend aus Kopfteil, Trense und Zügeln, das um den Kopf eines Pferdes passt und zum Zähmen oder Führen dient."[1]

Wenn wir nie inmitten der Stürme des Lebens unsere Zunge zähmen, werden wir vielleicht nie Befreiung erfahren. Der Heilige Geist wird unser Zaumzeug sein, wenn wir seine Führung und Leitung akzeptieren.

Lege dir eine Trense in deinen Mund!

Wenn wir den Pferden eine Trense ins Maul legen, damit sie uns gehorchen, können wir damit ihren ganzen Körper lenken. Siehe auch die Schiffe: Obwohl sie so groß sind und

von starken Winden getrieben werden, werden sie von einem kleinen Ruder dorthin gelenkt, wohin der Steuermann es bestimmt. So ist auch die Zunge ein kleines Glied und kann sich großer Dinge rühmen. Siehe, wie viel Holz oder welch einen großen Wald kann ein kleiner Funken anzünden!
Jakobus 3, 3–5

Diese Bibelstellen deuten darauf hin, dass die Zunge für unser ganzes Leben die Richtung angibt. Man könnte sagen, unsere Worte legen die Grenzen für uns fest und innerhalb dieser Grenzen müssen wir dann leben.

Die Zunge ist ein solch kleines Glied an unserem Leib, aber sie kann große Dinge vollbringen. Es wäre wunderbar, wenn es alles gute Dinge wären, aber das ist nicht so. Beziehungen werden durch die Zunge zerbrochen. Die Zunge kann Scheidung verursachen und tut dies oft erfolgreich. Menschen werden durch die Zunge eines anderen in ihren Gefühlen verletzt und nicht alle erholen sich wieder davon. Manche älteren Menschen leiden noch immer unter Worten, die zu ihnen und über sie gesagt wurden, als sie Kinder waren. Ja, die Zunge mag ein kleines Glied sein, aber oh, wie mächtig sie ist!

Die Trense im Maul eines Pferdes ist ebenfalls klein, aber sie gibt die Richtung vor. *Webster's Dictionary* definiert Trense als „metallenes Mundstück eines Zaumzeugs, das ein Tier kontrolliert und lenkt … etwas, das beherrscht …"[2]

Wir brauchen eine Trense in unserem Mund, aber sie wird uns nicht aufgezwungen, wir müssen sie wählen. Der Heilige Geist wird als diese Trense wirken, wenn wir seine Führung wählen. Wenn wir anfangen, etwas Falsches zu sagen, werden wir spüren, dass Er versucht uns in die richtige Richtung zu schieben. Er wirkt immer in unserem Leben und kämpft darum, uns aus Ärger herauszuhalten. Sein Dienst sollte sehr gewürdigt werden.

Der Heilige Geist als Trense und Zaumzeug

Seid nicht wie ein Pferd oder ein Maultier, das ohne Verstand ist, dessen Maul mit Zaumzeug und Trense festgehalten werden muss, sonst geht es nicht mit dir.
Psalm 32, 9

Ich und meine große Klappe

Ein Pferd folgt entweder dem Zug des Zaumzeugs, das die Trense in seinem Maul steuert, oder es erleidet große Schmerzen.

Mit uns und unserer Beziehung zum Heiligen Geist ist es genauso. Er ist unser Zaumzeug und die Trense in unserem Mund. Er sollte die Zügel in unserem Leben im Griff haben. Wenn wir seinen Eingebungen folgen, werden wir an den richtigen Ort kommen und allen falschen Orten fernbleiben. Aber wenn wir Ihm nicht folgen, werden wir viel Schmerzen erleiden.

Der Mund hat seine eigene Gesinnung

[… wir] zerstören Argumente und Theorien und Gedanken und alles Stolze und Hohe, das sich erhebt gegen die [wahre] Erkenntnis Gottes; und wir nehmen jeden Gedanken und jede Absicht gefangen unter den Gehorsam Christi, des Messias, des Gesalbten.

2. Korinther 10, 5

In Zeiten der Versuchung scheint es, als hätte der Mund eine eigene Gesinnung. Manchmal fühle ich mich, als hätte mein Mund einen Motor in sich und jemand drückt den Schalter, bevor ich weiß, was los ist.

Es ist auch sehr wichtig, dass wir für unsere Gedanken Verantwortung übernehmen, denn die Wurzel unserer Worte liegt in unseren Gedanken. Satan bietet einen Gedanken an wie: „Ich kann so einfach nicht mehr weitermachen." Und sofort übernimmt der Mund den Gedanken und spricht ihn aus.

Da das Problem in unseren Gedanken beginnt, muss auch die Lösung dort beginnen. Wir sollen jeden falschen Gedanken gefangen nehmen unter den Gehorsam Jesu Christi. Wir sollen falsche Vorstellungen nach der *Einheitsübersetzung* „niederreissen". (2. Kor. 10, 5).

Der Kampf findet in unseren Gedanken statt[3] und sie müssen vollständig erneuert werden, damit Gottes guter Plan jemals erfahren werden kann (Röm. 12, 1–2).

Wir werden nie die Kontrolle über unseren Mund bekommen, wenn wir keine Kontrolle über unsere Gedanken haben.

Wenn wir von Kontrolle der Gedanken sprechen, ist eine interessante Tatsache, dass Menschen, die mit Hexerei arbeiten, danach streben, die Gedanken anderer Menschen zu kontrollieren. Es ist eines ihrer wichtigsten Praktiken, zu lernen, wie sie falsche Gedanken auf arglose Menschen projizieren können.

Daraus schließe ich, dass *Satan unsere Gedanken kontrollieren will.*

Der Heilige Geist will auch unsere Gedanken kontrollieren, aber Er drängt sich uns nie auf. Es ist unsere Entscheidung. Er führt uns in die richtige Richtung, indem er uns überführt, wenn wir falsche Gedanken denken. Dann entscheiden wir uns, den falschen Gedanken abzuschütteln und an etwas zu denken, das gute Frucht bringen wird, so wie es uns in Philipper 4, 8 gelehrt wird:

> *... was wahrhaftig ist, was ehrfurchtsvoll, was ehrbar ist und sich schickt, was gerecht, was rein, was liebenswürdig und liebenswert, was freundlich und sympathisch und gütig ist, sei es eine Tugend oder etwas Exzellentes, sei es des Lobes wert, darüber denkt nach und erwägt es und schenkt ihm Aufmerksamkeit – darauf richtet euren Sinn.*

In Psalm 19, 15 betet der Psalmist: „Lass dir wohlgefallen die Worte meines Mundes und das Nachsinnen meines Herzens vor dir, Herr, mein [fester, undurchdringbarer] Fels und mein Erlöser." Beachte, dass er sowohl die Gedanken als auch den Mund erwähnt. Er tut dies, weil die beiden zusammenarbeiten.

Ich denke, dass manche Menschen versuchen, ihren Mund zu kontrollieren, aber sie arbeiten nicht an ihren Gedanken. Das ist so, als würde man vom Unkraut nur die sichtbaren Stengel ausreißen; solange die Wurzel nicht ausgegraben wird, kommt das Unkraut immer wieder.

Ordne deine Gespräche

Gesegnet, glücklich, begünstigt, [beneidenswert] sind die Unverdorbenen – die Aufrechten, Wahrhaftigen und Tadellosen – auf ihrem Weg [des offenbarten Willen Gottes], die im Gesetz des Herrn [im ganzen offenbarten Willen Gottes] wandeln – ihr Verhalten und ihre Gespräche ordnen.

Psalm 119, 1

Ich und meine große Klappe

Wir müssen unsere Gespräche gemäß dem Willen Gottes ordnen. Wenn du dich in einer Zeit der Versuchung befindest, versuche nicht nur auf das zu sehen, wo du jetzt gerade bist und was dir jetzt gerade zustößt, sondern sieh auf dich und deine Umstände durch die Augen des Glaubens.

Du bist von der Küste weggefahren und befindest dich jetzt mitten auf dem See in einem Sturm, aber *du wirst auf die andere Seite kommen*. Dort warten Segnungen auf dich, *also gehe nicht über Bord!*

Viele Menschen gehen in Zeiten der Herausforderung rückwärts, und ein Grund dafür ist, dass sie nie gelernt haben, wie sie reden sollen.

Eine Versuchung ist an sich schon ziemlich entmutigend; wir sollten die Sache nicht noch dadurch schlimmer machen, dass wir uns durch negatives Reden noch mehr niederdrücken.

In 5. Mose 26, 14 wurde den Israeliten geboten, ihre Gaben dem Herrn zu bringen und Ihm zu sagen: „Ich habe nichts davon [vom Zehnten] gegessen in meiner Trauer …" (*Elberfelder*). Manchmal, wenn Menschen trauern, beginnen sie ihren eigenen Zehnten zu essen, statt ihn dem Herrn zu geben, und sie werden im Geben nachlässig. Warum? Weil es schwerer ist, dem Herrn in Zeiten persönlicher Schwierigkeiten zu gehorchen.

Der Teufel flüstert dir ins Ohr: „Dieses Zehntengeben funktioniert nicht, also halte das, was du hast, besser fest, statt es wegzugeben." Der Mund kommt in Gang und spricht aus: „Das funktioniert nicht. Ich sollte mein Geld lieber dafür verwenden, meine eigenen Bedürfnisse zu stillen, weil mir ja kein anderer hilft."

Erinnerst du dich, Satan möchte nicht, dass du auf die andere Seite kommst. Er möchte nicht, dass du irgendeinen Fortschritt machst. Er möchte sehen, wie du umkehrst und dahin zurückgehst, woher du gekommen bist.

In Markus 4, als Jesus das Gleichnis vom Sämann erzählte, repräsentiert das Bild vom Boden die verschiedenen Arten der Herzenshaltungen, mit denen das Wort aufgenommen wird. In Vers 17, als Er zu dem Samen kam, der auf felsigen Grund fiel, sagte Er von denen, die damit gemeint waren: „Und sie haben keine Wurzel in sich, und so halten sie nur eine kleine Weile aus; wenn dann Schwierigkeiten oder Verfolgung um des Wortes willen kommen, sind sie sogleich gekränkt (unzufrieden, empört, voller Groll) und straucheln und fallen ab."

Menschen können in Zeiten der Anfechtungen oder Trübsal zurückfallen. Nach dem, was Jesus in Johannes 16, 33 sagte, sollten wir in diesen Zeiten Mut fassen, denn Er hat für uns die Welt überwunden: „Ich habe euch diese Dinge gelehrt, damit ihr in mir völligen Frieden und Zuversicht habt. In der Welt habt ihr Versuchungen und Anfechtungen und Kummer und Leid; aber seid getrost – seid mutig; seid zuversichtlich, sicher und unerschrocken –, denn ich habe die Welt überwunden. – Ich habe sie der Macht beraubt, euch zu schaden, und habe sie [für euch] besiegt."

Das sind die Dinge, an die wir denken und die wir aussprechen müssen.

Können diese Gebeine wieder lebendig werden?

Die Hand des Herrn kam über mich, und er führte mich hinaus im Geist des Herrn und stellte mich mitten in das Tal; und es war voller Totengebeine. Und er führte mich überall hindurch. Und siehe, es lagen sehr viele [menschliche Knochen] im ganzen Tal oder der Ebene, und siehe, sie waren ganz verdorrt. Und er sprach zu mir: Du Menschensohn, können diese Knochen leben? Und ich antwortete: Herr, mein Gott, du weißt es! Noch einmal sprach er zu mir: Weissage über diese Gebeine und sprich zu ihnen: Ihr verdorrten Gebeine, hört das Wort des Herrn.

Hesekiel 37, 1–4

Du fühlst dich vielleicht, als ob dein Leben nur noch so ist wie trockene, tote Gebeine. Vielleicht sind deine Umstände so tot, dass sie stinken. Deine Hoffnung scheint verloren, aber lass mich dir Gottes Weg heraus zeigen.

Im weiteren Verlauf des obigen Abschnitts tut der Prophet das, was Gott ihm geboten hat, und er sieht, wie Gott das, was vorher nur tote, vertrocknete Knochen waren, wieder mit Leben und Atem und Geist füllt.

Ich und meine große Klappe

Dasselbe kann mit dir und mir geschehen. Aber nur, wenn wir Gottes Sprachrohr werden und sein Wort prophezeien. Wir können nicht länger unsere eigenen leeren Worten sprechen und, wenn wir unter Druck stehen, unserem Mund erlauben, dass er die Führungsrolle übernimmt.

Lazarus, komm heraus!

Es lag aber einer krank, Lazarus aus Betanien, dem Dorf Marias und ihrer Schwester Marta. Maria aber war es, die den Herrn mit Salböl gesalbt und seine Füße mit ihrem Haar getrocknet hatte. Deren Bruder Lazarus war krank. Da sandten die Schwestern zu Jesus und ließen ihm sagen: Herr, siehe, der, den du lieb hast, liegt krank.

Johannes 11, 1–3 (*Luther*)

In Johannes 11 wird über die Krankheit und den Tod des Lazarus berichtet. Als Jesus erschien, war Lazarus schon vier Tage tot. Als Marta hinausging, um Jesus zu grüßen, sagte sie zu Ihm: „Herr, wärst du hier gewesen, mein Bruder wäre nicht gestorben" (Vers 21; *Luther*). Später sagte ihre Schwester Maria genau dasselbe zu Ihm: „Herr, wärst du hier gewesen, mein Bruder wäre nicht gestorben" (Vers 32; *Luther*).

Wir fühlen uns alle manchmal so. Wir denken, wenn Jesus früher gekommen wäre, wäre manches jetzt nicht so schlimm. Ich bin sicher, dass die Jünger dachten, dass ihre Situation anders ausgesehen hätte, wenn Jesus nicht hinten im Boot geschlafen hätte.

In Johannes 11, 23–25 sehen wir, wie Jesus auf diese Worte der Hoffnungslosigkeit und Verzweiflung geantwortet hat:

Jesus sprach zu ihr: Dein Bruder wird wieder auferstehen. Marta spricht zu ihm: Ich weiß, dass er auferstehen wird, bei der Auferstehung am Jüngsten Tage. Jesus sprach zu ihr: Ich [selbst] bin die Auferstehung und das Leben. Wer an mich glaubt – mir nachfolgt, mir vertraut und sich auf mich verlässt –, auch wenn er stirbt, wird er leben.

Den Rest der Geschichte kennst du. Jesus rief Lazarus, einen Mann, der vier lange Tage tot gewesen war, aus dem Grab, und er kam völlig wiederhergestellt heraus. Wenn Jesus einen toten Menschen auferwecken kann, dann kann er auch tote Umstände auferwecken.

Wir können aus Hesekiels Erfahrung mit den Gebeinen und aus der Erzählung über Lazarus sehen, dass Gott einen Weg frei machen wird, egal, wie schlimm die Situation auch erscheinen mag.

Aber denke daran, es gibt geistliche Gesetze, die wir befolgen müssen, um die wunderwirkende Kraft Gottes zu sehen.

Eines dieser geistlichen Gesetze wird durch die Geschichte von der blutflüssigen Frau verdeutlicht.

Sag es dir immer wieder

Und es war eine Frau, die hatte seit zwölf Jahren einen Blutfluss. Und sie hatte viel unter [den Händen von] Ärzten gelitten und all ihr Geld dafür aufgebraucht, und es war mit ihr nicht besser, sondern schlimmer geworden. Sie hatte die Berichte über Jesus gehört und sie kam in der Menge von hinten heran und berührte sein Gewand.

Markus 5, 25–27

Was war mit der blutflüssigen Frau? Sie hatte dieses Problem zwölf Jahre lang gehabt. Sie hatte viel gelitten und niemand hatte ihr helfen können.

Diese Frau wurde sicher von Gedanken der Hoffnungslosigkeit angegriffen. Als sie daran dachte, zu Jesus zu gehen, hatte sie sicher gehört: „Was nützt es schon?" Aber sie ging unbeirrbar weiter durch die Menge hindurch, die von allen Seiten drängte. Sie berührte den Saum von Jesu Gewand. Heilende Kraft floss durch sie, und sie wurde gesund (siehe Vers 29–34).

Aber hier ist ein Abschnitt, den wir nicht auslassen wollen: „Denn sie sagte sich immer wieder: Wenn ich nur seine Kleider berühre, dann werde ich gesund" (Mk. 5, 28).

Sie *sagte* es sich immer wieder! Sie *sagte* es sich immer wieder! Verstehst du? Sie *sagte* es sich immer wieder!

Egal, wie sie sich fühlte, egal, wie sehr andere versuchten, sie zu entmutigen, und obwohl das Problem schon zwölf Jahre alt und die Menschenmenge so groß war, dass es aussah, als könne sie nicht hindurchkommen, bekam diese Frau ihr Wunder. Jesus sagte ihr, dass es

Ich und meine große Klappe

ihr Glaube war, der sie gesund machte (Vers 34). Ihr Glaube wurde durch ihre Worte freigesetzt.

Glaube muss freigesetzt werden, wenn er wirken soll, und eine Art, wie wir ihn freisetzen können, ist durch unsere Worte.

Sag es immer wieder – und gib die Hoffnung nicht auf!

Gefangene der Hoffnung

Kehrt zum Bollwerk [von Sicherheit und Wohlstand] zurück, ihr Gefangenen der Hoffnung; denn heute noch erkläre ich, dass ich euren früheren Wohlstand doppelt wiederherstellen will.

Sacharja 9, 12

Wir haben gerade drei Situationen betrachtet: Trockene Gebeine wurden wiederhergestellt, der Tote wurde zurück zum Leben gebracht, und eine unheilbare Krankheit gänzlich geheilt. Alle drei dieser „Stürme" waren für Menschen unmöglich, aber bei Gott sind alle Dinge möglich (Mt. 19, 26).

Als wir kürzlich selbst in einem Sturm waren, führte mich der Heilige Geist zu dieser Stelle in Sacharja, die ich nie zuvor gelesen hatte. Es war, als hätte Er sie wie einen Schatz verborgen und auf eine Zeit gewartet, in der ich sie wirklich brauchen würde.

Als „Gefangene der Hoffnung" müssen wir mit Hoffnung erfüllt sein, wir müssen Hoffnung in unseren Gedanken haben, und wir müssen Hoffnung aussprechen. Hoffnung ist das Fundament, auf dem der Glaube steht.

Manche Menschen versuchen, Glauben zu haben, nachdem sie alle Hoffnung verloren haben.

Das funktioniert nicht.

Weigere dich, die Hoffnung aufzugeben, egal, wie trocken die Gebeine auch sein mögen, wie tot die Situation erscheinen mag, wie lange das Problem schon besteht.

Gott ist immer noch Gott und diese Bibelstelle zeigt uns: Wenn wir positiv bleiben und „Gefangene der Hoffnung" sind, wird Er uns das Doppelte von allem, was wir verloren haben, wiederherstellen.

Gebet um die Beherrschung des Mundes

Stelle einen Wächter, oh Herr, vor meinen Mund; halte Wache an der Tür meiner Lippen.

Psalm 141, 3

Ich bete diesen Bibelvers sehr oft, weil ich weiß, dass ich Hilfe für meinen Mund brauche, und ich brauche sie täglich. Ich möchte, dass der Heilige Geist mich überführt, wenn ich zu viel rede oder wenn ich Dinge sage, die ich nicht sagen sollte; wenn ich negativ spreche, wenn ich klage, wenn ich hart klinge oder in irgendeiner anderen Weise „böse spreche".

Alles, was Gott in unserem Reden ein Anstoß ist, muss ausgemerzt werden. Deshalb müssen wir ständig beten: „Stelle einen Wächter, oh Herr, vor meinen Mund; halte Wache an der Tür meiner Lippen."

Ein weiterer wichtiger Bibelvers zu diesem Thema ist Psalm 17, 3: „... Ich habe mir vorgenommen, dass mein Mund sich nicht vergehe" (*Luther*).

Wie ich schon vorher sagte: Wir müssen uns bewusst dafür *entscheiden*, in diesem Bereich das Richtige zu tun. Was immer wir in diesem Leben aus Glauben tun, wir müssen es bewusst tun.

Disziplin ist eine Entscheidung. Es ist nicht unbedingt einfach, aber es beginnt mit einer festen Entscheidung.

Wenn wir auf die andere Seite hinübersetzen und uns plötzlich mitten auf dem Weg in einem tosenden Sturm wiederfinden, dann müssen wir uns endgültig bewusst dafür entscheiden, dass wir unseren Mund davon abhalten, sich zu vergehen.

Dann sollten wir diesen Vers beten.

Ein anderer Bibelvers, den ich regelmäßig bete, ist Psalm 19, 15: „Laß die Reden meines Mundes und das Sinnen meines Herzens wohlgefällig vor dir sein, Herr, Fels und mein Erlöser!" (*Elberfelder*).

Ich und meine große Klappe

Bete das Wort. Nichts erregt Gottes Aufmerksamkeit schneller. Es ist sein Wort, das die Kraft des Heiligen Geistes in sich trägt.

Lass diese Bibelstellen der Schrei deines Herzens sein. Wünsche dir ernsthaft, in diesem Bereich Sieg zu erringen. Wenn du Gott um seine Hilfe bittest, wirst du feststellen, dass du dich änderst.

Das ist es, was der Herr für mich getan hat, und vor Ihm ist kein Ansehen der Person (Apg. 10, 34). Alle, die den gottgegebenen Richtlinien folgen, erzielen gottgegebene Ergebnisse.

Bete dieses Gebet der Verpflichtung, deinen Mund zu beherrschen:

Herr, ich bete, dass Du mir hilfst, dem Heiligen Geist gegenüber bezüglich dessen, was ich sage empfindsam zu werden. Ich möchte nicht dickköpfig sein wie ein Pferd oder ein Maultier, das nicht ohne Zügel oder Trense gehorcht. Ich möchte mich nur mit einem leichten Anstoß von Dir in deine Richtung bewegen.

Ich bitte Dich um deine Hilfe in den Stürmen des Lebens, während ich auf die andere Seite hinüberfahre. Ich brauche deine Hilfe immer, Herr, aber diese Zeiten sind besondere Zeiten der Versuchung. Stelle einen Wächter vor meine Lippen und lass Dir alle Worte aus meinem Mund wohlgefallen, oh Herr, meine Stärke und mein Erlöser. Ich bete in Jesu Namen. Amen.

8

Ist dein Mund erlöst?

... erwirkt – entwickelt, führt bis zum Ziel aus und vollendet – eure eigene Erlösung mit Achtung und Ehrfurcht und Zittern [Misstrauen euch selbst gegenüber, mit ernsthafter Vorsicht, empfindlichem Gewissen, Wachsamkeit gegenüber Versuchung, ängstlich zurückweichend vor allem, was Gott verärgern und den Namen Christi in Misskredit bringen könnte].

Philipper 2, 12

Ich erinnere mich daran, als Gott zu meinem Herzen gesprochen hat und sagte: „Joyce, es ist an der Zeit, dass dein Mund erlöst wird."

Das klingt vielleicht seltsam, aber es stimmte. Man kann erlöst sein und gar nicht danach klingen. Jemand kann ein Kind Gottes sein und gar nicht wie eines sprechen.

Ich weiß das, denn ich war so jemand.

Es ist nicht genug, errettet zu sein, auch der Mund muss erlöst sein. Das ist ein Teil des Prozesses, auf den der Apostel Paulus sich bezog, als er davon sprach, die eigene Erlösung zu „erwirken".

Was bedeutet es konkret, „seine eigene Erlösung zu schaffen?" In Epheser 2, 8–9 stellt Paulus, der diesen Satz an die Philipper schrieb, deutlich heraus, dass Erlösung nicht verdient werden kann. Sie wird durch Gottes Gnade geschenkt und durch Glauben empfangen. Sie ist keine Belohnung für gute Werke, so dass sich keiner selbst rühmen sollte.

Ohne genaueres Verständnis scheint es fast, als wären diese beiden Abschnitte im Epheser- und im Philipperbrief unvereinbar .

Die Neue Geburt – wenn Gott seinen Sohn Jesus Christus schickt, damit Er in uns lebt, wenn Er uns seinen Geist gibt und in uns ein neues Herz schafft – ist etwas, das nur Er durch seine Gnade, Barmherzigkeit, Liebe und Güte tun kann. Er macht die ganze Arbeit und wir empfangen das kostenlose Geschenk durch Glauben.

Ich und meine große Klappe

Die Errettung zu erwirken, die Er uns kostenlos gegeben hat, ist nur eine andere Phase unseres Lebens mit Ihm. Wir könnten sagen, dass Er eine Saat in uns hineinlegt und wir müssen dann mit dem Werk des Heiligen Geistes zusammenarbeiten, damit wir erleben, dass die Saat, die Er in uns gepflanzt hat, zu einer Pflanze wächst, die unser ganzes Leben durchdringt.

Die Saat kultivieren

Nun aber sind die Verheißungen dem Abraham und seinem Samen zugesprochen worden. Es heißt nicht: „und den Samen", als von vielen, sondern als von einem: „und deinem Samen", und dieser ist Christus.

Galater 3, 16 (*Schlachter*)

Die Bibel bezieht sich auf Christus als „dem Samen". Mir gefällt das, denn es bedeutet, dass ich, wenn ich einen Samen habe, eine Ernte haben kann.

Jesus ist der Same alles Guten dessen, von dem Gott will, dass wir es haben. Der Same wird von Gott gepflanzt, aber er muss kultiviert, genährt und bewässert werden, man muss für ihn sorgen. Der Boden, in den er gepflanzt wird, muss gepflügt und von Unkraut freigehalten werden.

Unser Herz und unser Leben sind der Grund. Es wird nicht alles auf einmal verändert oder entfernt. Es gibt viel Arbeit, und nur der Heilige Geist kennt das richtige „Wann und Wie". Wenn Er wegen bestimmter Sachen an uns arbeitet, müssen wir Ihm unseren Willen unterstellen, was bedeutet, dass wir das Fleisch der Führung des Heiligen Geistes unterstellen.

Wenn wir daran zurückdenken, wie wir am Anfang unseres Lebens mit Gott gedacht haben, und alles, was Er seitdem in uns verändert hat, auflisten würden, dann wären wir erstaunt, zu sehen, wie sehr wir uns geändert haben, seit wir mit Ihm begonnen haben.

Ich erinnere mich daran, dass Gott am Anfang an mir bezüglich Unabhängigkeit gearbeitet hat und mir zeigte, dass ich nichts aus mir heraus tun kann. Dann ging Er weiter zum Thema Beweggründe und begann mich zu lehren, dass das, was ich tat, nicht so wichtig war wie die Frage, warum ich es tat. Er arbeitete bezüglich meiner Einstellung an mir, bezüglich meines Fernseh- und Kinokonsums, bezüglich der Art, wie ich mich kleidete, bezüglich meiner Gedanken – und natürlich bezüglich meines Mundes.

Ehrlich gesagt, Er hat bezüglich meines Mundes wahrscheinlich konsequenter an mir gearbeitet als bezüglich irgendeiner anderen Sache.

Wenn Gott etwas gebrauchen möchte, dann ist es ganz sicher, dass der Teufel versucht, es zu stehlen. Seit ich berufen bin, Gottes Wort zu lehren, bemüht Satan sich immer das Eigentum des Herrn zu erlangen.

Natürlich habe ich über die Jahre hinweg vieles über meinen Mund gelernt, aber es kam der Tag, an dem Gott zu mir sagte: „Es ist an der Zeit, dass dein Mund erlöst wird." Ich wusste damals, dass das etwas Ernstes war, nicht nur eine kleine Lehre vom Heiligen Geist über die Bedeutsamkeit von Worten, sondern eine lebensverändernde Erkenntnis über *den Mund!*

Bringe deinen Mund in Ordnung!

Hört, denn ich spreche herausragende und edle Dinge; und ich öffne meine Lippen für Richtiges. Denn mein Mund soll Wahrheit reden und meine Lippen sollen hassen und verachten, was falsch ist. Alle Worte aus meinem Mund sind gerecht – aufrichtig und von rechtem Ansehen vor Gott; es ist nichts Falsches oder Betrügerisches darin.

Sprüche 8, 6–8

Immer wenn ich Bibelstellen wie die oben zitierte las, wusste ich, dass ich noch einen weiten Weg vor mir hatte. Ich betete um eine stärkere Salbung für meine Lehre und meinen Dienst, und Gott musste mir drei Männer in der Bibel zeigen, die berufen waren, aber Probleme mit ihrem Mund hatten. Er offenbarte mir, dass Er an ihnen wegen ihrer Worte arbeiten musste, wegen ihres Mundes, bevor Er sie so gebrauchen konnte, wie Er es geplant hatte.

Ich und meine große Klappe

Der ängstliche Mund Jeremias

Und des Herrn Wort geschah zu mir [Jeremia]: Ich kannte und nahm dich [als mein erwähltes Werkzeug], bevor ich dich im Mutterleib bereitete, und bevor du geboren wurdest, sonderte ich dich aus und weihte dich; und ich bestellte dich zum Propheten über die Nationen. Dann sagte ich: Ach, Herr Gott, ich kann nicht predigen, denn ich bin zu jung. Aber der Herr sagte zu mir: Sage nicht, ich bin zu jung, denn du sollst zu allen gehen, zu denen ich dich sende, und alles predigen, was ich dir gebiete. Fürchte dich nicht vor ihnen [ihren Gesichtern], denn ich bin bei dir und will dich erretten, spricht der Herr. Dann streckte der Herr seine Hand aus und berührte meinen Mund. Und der Herr sprach zu mir: Siehe, ich habe meine Worte in deinen Mund gelegt. Siehe, ich setze dich heute über Völker und Königreiche, dass du ausreißen und einreißen sollst, zerstören und verderben, bauen und pflanzen.

Jeremia 1, 4–10

Gott rief Jeremia als „Propheten über die Nationen", und er begann sofort damit, Dinge auszusprechen, die ihm Gott *nicht* aufgetragen hatte, zu sagen. Gott musste Jeremias Mund auf die rechte Bahn bringen, bevor Er ihn gebrauchen konnte.

Für uns gilt dasselbe.

Zuerst müssen wir verstehen, dass wir, wenn Gott uns ruft, etwas zu tun, nicht sagen sollen, wir können das nicht. Wenn Gott sagt, dass wir es können, dann können wir es auch! So oft sprechen wir aus unserer Unsicherheit heraus oder wir sprechen das aus, was andere vorher über uns gesagt haben oder was uns der Teufel erzählt hat.

Wir müssen das über uns selbst sagen, was Gott über uns sagt!

Jesus sagte: „Ich spreche nicht meine eigenen Worte, sondern die Worte dessen, der mich gesandt hat. Ich sage nur, was ich den Vater sagen höre" (Joh. 8, 28; 12, 50; Umschreibung durch die Autorin).

Gott ruft uns nach oben. Er fordert uns heraus, nicht länger unsere eigenen Worte zu sprechen. Er möchte, dass wir nicht aus der Seele, sondern aus dem Geist heraus sprechen.

Ist dein Mund erlöst?

Gott bereitet sein Volk darauf vor, in der Ernte der letzten Zeit von Ihm gebraucht zu werden. Niemand wird ohne Vorbereitung gebraucht. Das bedeutet, dass Gott an uns arbeiten muss und wir uns seiner Arbeit an uns unterstellen müssen.

Gott möchte eine „Feineinstellung" an uns vornehmen. Er arbeitet schon seit Jahren auf allgemeine Weise in unserem Leben, aber jetzt ist die Zeit für einige spezielle Feineinstellungen.

Du hast wahrscheinlich schon früher Predigten über den Mund gehört, deshalb ist dieses Wort für dich vielleicht keine neue Erkenntnis. Aber es kann auch sein, dass du dir, wie viele andere von uns auch, noch einige Freiheiten genommen hast, die du dir jetzt nicht mehr leisten kannst.

Auf jeder neuen Ebene sitzen neue Teufel

Darum spricht der Herr, Gott der Heerscharen: Weil ihr das Volk dieses Wort gesagt habt, werde ich meine Worte zu einem Feuer in deinem Mund [Jeremia] machen und das Volk zu Brennholz, und es wird sie verschlingen.
Jeremia 5, 14

Gott ruft dich und mich nach oben auf eine neue Ebene, und auf jeder neuen Ebene von Gottes Macht und Segnungen erleben wir neuen Widerstand.

In der Vergangenheit sprach Jeremia vielleicht so, wie du und ich jetzt sprechen, aber Gott rief ihn auf eine neue Ebene. Auf dieser neuen Ebene würde diese Art zu sprechen Jeremia in ernsthafte Probleme verwickeln.

Wir müssen erkennen, dass falsche Worte dem Feind Türen öffnen können, die wir nicht geöffnet haben wollen.

Jahrelang sprach Gott darüber zu mir, wie man Türen nicht öffnet, aber dann sagte Er eines Tages: „Joyce, vergiss das mit den Türen; Satan sucht jeden kleinen Spalt, durch den er in dein Leben kriechen kann."

Was immer Jeremia vorher getan hatte, es war nicht so aggressiv gegen das Reich der Dunkelheit wie das, was Gott geplant hatte.

Ich und meine große Klappe

Ich glaube, dass dasselbe für dein und mein Leben gilt. Gott wird jetzt an Sachen arbeiten müssen, über die Er in der Vergangenheit hinweggesehen hat. Wir können nicht im Fleisch wandeln, bis es an der Zeit ist, unsere Gabe des Dienstes auszuüben, und dann schnell versuchen, in den Heiligen Geist hineinzukommen. Durch ein solches Leben wird keine Kraft, keine Salbung freigesetzt.

Bei Jeremia sehen wir später, dass Gott ihm sagte, Er würde seine Worte wie Feuer in seinem Mund machen und das Volk wie Brennholz.

Ich glaube, dass für mein Leben und meinen Dienst dasselbe gilt. Wenn ich Gottes Wort ausspreche, möchte ich, dass es sehr große Auswirkungen auf Menschen hat und es sie radikal verändert.

Das solltest du auch.

Wir haben keine Zeit mehr für hier ein wenig und da ein wenig (Jes. 28, 10 und 13).

Es ist an der Zeit, mit Gottes Arbeit weiterzumachen.

Ich habe Bücher gelesen, in denen von vergangenen Erweckungen gesprochen und berichtet wurde, wie die Salbung des Herrn so stark auf der Predigt lag, dass Hunderte von Menschen auf den Boden fielen und nach Befreiung und Errettung schrieen. Ich glaube, dass dies eine Manifestation Gottes ist, der die Worte aus dem Mund der Prediger wie Feuer und die Menschen wie Brennholz werden lässt.

Aber das wird bei uns solange nicht geschehen, wie wir gute und schlechte Worte aussprechen. Wir werden auf diesem Gebiet vielleicht nie wirklich perfekt werden, aber es ist an der Zeit, an diese Sache ernsthafter als bisher heranzugehen.

Ich hatte um eine stärkere Salbung gebetet und Gott war kurz davor, sie mir zu geben, aber Er sagte zuerst zu mir: „Joyce, es ist an der Zeit, dass dein Mund erlöst wird."

Wenn wir Gott um etwas bitten, gibt es gewöhnlich Dinge, die erst aus dem Weg geräumt werden müssen, damit wir es bekommen können.

Ist dein Mund erlöst?

Wenn du neue Schlafzimmermöbel kaufst, die größer sind als die alten, dann musst du wahrscheinlich erst Sachen aus dem Schlafzimmer herausholen und dadurch Platz für die neuen Möbel schaffen.

Jammere nicht über das, was gehen muss; freue dich über das, was kommt!

Der langsame und unbeholfene Mund des Mose

Und Mose sprach zum Herrn: Ach, Herr, ich bin nicht beredt oder ein Mann von Worten, weder vorher noch seit du zu deinem Diener gesprochen hast; denn ich bin langsam im Reden und habe eine schwere und ungeschickte Zunge.

2. Mose 4, 10

Als Gott Mose dazu berief, sein Sprecher vor dem Pharao und für die Israeliten zu sein, behauptete Mose, dass er nicht redegewandt genug sei, um das zu tun, was Gott wollte, weil er ein „Problem mit dem Mund" hatte. Gottes Antwort darauf war: „… Wer hat dem Menschen den Mund gemacht? … Nicht ich, der Herr?" (Vers 11; *Elberfelder*)

Wir denken manchmal, dass Gott nicht alle unsere Schwächen kennt – aber Er kennt sie alle.

Als ich zu erkennen begann, dass Gott mich dazu berief, sein Wort auf breiter Ebene zu verkünden, erinnerte ich Ihn daran, dass ich eine Frau bin. Ich bezweifle, dass Er diese Tatsache jemals vergessen hatte. Ich hatte selbst kein Problem damit, aber ich kannte andere, die damit ein Problem hatten, und das verursachte großen Zweifel in mir.

Der Zweifel musste gehen, bevor ich gehen konnte.

In Vers 12 sagte Gott zu Mose: „Und nun geh hin! Ich will mit deinem Mund sein und dich unterweisen, was du reden sollst" (*Elberfelder*).

Das nächste Mal, wenn Gott dir sagt, dass du für Ihn sprechen sollst, und Angst in dir hochkommt, dann denke daran: Wenn Er dich gesandt hat, wird Er dein Mund sein und dich lehren, was du sagen sollst.

Ich und meine große Klappe

Jesajas unreiner Mund

Im Jahr, in dem König Usija starb, sah ich [in einer Vision] den Herrn sitzen auf hohem und erhabenem Thron, und die Säume seines Gewandes füllten den [heiligsten Teil vom] Tempel. Über ihm standen die Serafim; jeder von ihnen hatte sechs Flügel; mit zweien bedeckte jeder sein eigenes Gesicht, mit zweien bedeckte er seine Füße, und mit zweien flog er. Und einer rief dem andern zu und sprach: Heilig, heilig, heilig ist der Herr der Heerscharen; die ganze Erde ist erfüllt mit seiner Herrlichkeit! Da erbebten die Fundamente in den Schwellen von der Stimme des Rufenden und das Haus wurde mit Rauch erfüllt. Da sprach ich: Wehe mir, denn ich bin vergangen und verloren! Denn ein Mann mit unreinen Lippen bin ich und mitten in einem Volk mit unreinen Lippen wohne ich. Denn meine Augen haben den König, den Herrn der Heerscharen, gesehen! Da flog einer der Serafim [himmlische Wesen] zu mir; und in seiner Hand war eine glühende Kohle, die er mit einer Zange vom Altar genommen hatte. Und er berührte damit meinen Mund und sprach: Siehe, dies hat deine Lippen berührt; deine Schuld ist weggenommen und deine Sünde ganz gesühnt und vergeben. Und ich hörte die Stimme des Herrn, der sprach: Wen soll ich senden, und wer wird für uns gehen? Da sprach ich: Hier bin ich, sende mich. Und Er sagte: Geh und sprich zu diesem Volk: Hören, ja hören sollt ihr fortwährend und nicht verstehen! Sehen, ja sehen sollt ihr fortwährend und nicht erkennen!

Jesaja 6, 1–9

Die Berufung Jesajas ist ein hervorragendes Beispiel dafür, wie Gott den Mund reinigen muss, bevor er einen Menschen gebrauchen kann. Dieser Bibelabschnitt lehrt mich, dass Gott an uns arbeitet, wenn wir in seine Gegenwart kommen.

Im vorliegenden Fall erkannte Jesaja, dass er einen unreinen Mund hatte. Ich glaube, dass sein Herz nach Veränderung geschrieen hatte und Gott deshalb Hilfe schickte. Das Kommen des Seraphs mit einer feurigen Kohle wird hier als augenblickliches Geschehen erzählt, aber es mag bei uns nicht immer so sein. Wir würden alle Befreiung vorziehen, die auf wunderbare Weise geschieht, aber oft (ich glaube, meistens) muss uns der Herr durch einen Reinigungsprozess schicken.

Ist dein Mund erlöst?

Wir müssen aus diesen Versen auf das in ihnen aufgezeigte Prinzip schließen.

In Vers 7 heißt es, dass Jesajas Sünde vergeben wurde; deshalb können wir annehmen, dass sein unreiner Mund sündig war und als solcher behandelt werden musste. In Vers 8 sehen wir dann Jesajas Ruf, als Gott sprach: „Wer wird für Mich gehen?" und Jesaja antwortete: „Hier bin ich, sende mich." Sein Herz wollte dem Herrn dienen, und Gott wusste das bereits, bevor Er ihn in seine Gegenwart zog.

Gott sucht immer nach jemandem, der Ihm gegenüber ein vollkommenes Herz hat, nicht unbedingt nach jemandem, der ihm gegenüber eine vollkommene Leistung bringt. Wenn der Herr das Herz hat, kann Er das Verhalten immer verändern.

Diese Wahrheit sollte diejenigen unter uns ermutigen, die von Gott gebraucht werden wollen, die aber oft das Gefühl haben, dass sie einfach zu viele Schwächen haben. Gott gebraucht zerbrochene Gefäße! Wir kommen zu Ihm, wie wir sind, und Er formt uns und macht uns zu Gefäßen, die für seinen Gebrauch geeignet sind. (Jes. 6, 8; 2. Tim. 2, 21).

Nachdem Jesajas Mund gereinigt worden war, sprach Gott in Vers 9 zu ihm: „Geh und sag diesem Volk." Der Ruf, die Salbung und die Berufung sind manchmal unabhängig voneinander und treten sogar zu unterschiedlichen Zeiten auf.

Berufen, gesalbt und auserwählt –
vor dem Bauen muss zuerst das Fundament gelegt werden

Denn kein anderes Fundament kann jemand legen als das, das [schon] gelegt ist, welches ist Jesus Christus, der Messias, der Gesalbte.

1. Korinther 3, 11

Gott berief mich und salbte mich, aber diese Salbung wurde stärker, als ich Erfahrung im Dienst sammelte und mich dem Werk des Heiligen Geistes in meiner Seele unterstellte. Er erwählte mich oder setzte mich frei, um erst dann vorwärts zu gehen und damit zu beginnen, sein Reich zu bauen, als ein gutes Fundament gelegt worden war.

Ich und meine große Klappe

Wenn du das Reich Gottes bauen willst, dann musst du dir Zeit dafür nehmen, ein ordentliches Fundament zu legen. Einer der ersten Schritte in Richtung dieses Fundaments ist es, den eigenen Mund in den Griff zu bekommen.

„Herr, erlöse meinen Mund!"

Und ihr werdet die Wahrheit erkennen, und die Wahrheit wird euch frei machen.

Johannes 8, 32 (*Elberfelder*)

Jeremia, Mose und Jesaja erkannten alle, dass Gott etwas an ihrem Mund ändern musste, wenn sie ihren göttlichen Ruf erfüllen sollten. Dasselbe gilt für dich und mich.

Gott wird unseren Mund heilen, aber zuerst müssen wir erkennen, dass wir Heilung brauchen.

Jesus sagte, dass es die Wahrheit ist, die uns frei macht. Die Wahrheit ist, dass wir zum Herrn sagen müssen: „Mein Mund muss erlöst werden!"

9
Zum Fasten gehört auch der Mund

Ihr fastet nur [das ist Tatsache], um zu zanken und zu streiten und mit gottloser Faust dreinzuschlagen. Beim Fasten, so wie ihr es tut, wird eure Stimme nicht in der Höhe gehört werden.

Jesaja 58, 4

Das 58. Kapitel von Jesaja ist ein kraftvoller Teil von Gottes Wort, das uns lehrt, was Er als „echtes Fasten" ansieht. Ich schlage vor, dass du jetzt das ganze Kapitel durchliest, bevor du in diesem Buch hier weiterliest.

Nennt ihr das Fasten?

Ist solch ein Fasten wie eures eines, das ich auserwählt habe, ein Tag, an dem sich ein Mensch kasteit [Ist wahres Fasten nur mechanisch?]. Geht es nur darum, seinen Kopf hängen zu lassen wie Schilf und sich in Sack und Asche zu betten [um auf eine Herzenshaltung hinzuweisen, die er gar nicht hat]? Wollt ihr das ein Fasten nennen und einen Tag, an dem der Herr Wohlgefallen hat?

Jesaja 58, 5

Die Szene, auf die wir hier treffen, ist ein Austausch zwischen den Israeliten und ihrem Gott. Das Volk hatte gefastet, und sie hatten das Gefühl, dass Gott gar keine Notiz davon nahm. Er sagte ihnen, dass sie aus falschen Beweggründen heraus fasteten und es in ihrem Leben Dinge gab, an denen sie arbeiten mussten.

Echtes Fasten hat den Zweck, die Macht des Fleisches zu brechen. Es soll eine besondere Zeit des Gebets sein, in der Gottes Volk Ihn ernsthafter sucht, um einen Durchbruch für sich selbst oder für andere zu erzielen.

Ich und meine große Klappe

Mein Ziel für dieses Kapitel ist es nicht, alle Prinzipien des Fastens zu lehren, sondern ich möchte zum Ausdruck bringen, dass es viele verschiedene Wege gibt, auf denen Menschen zum Fasten geführt werden. Ob du aus dir selbst heraus zu fasten beginnst oder ob du von Gott gerufen wirst, ein Fasten zu beginnen, Er wird dich in deiner persönlichen Hingabe führen.

Dieses Volk in Jesaja 58 hatte sich zwar des Essens enthalten, aber sie hatten verpasst, worum es eigentlich ging. Gott sagte ihnen, dass sie aus den falschen Gründen heraus fasteten und dass durch solches Fasten ihre Stimme nicht gehört würde. In diesem Vers fragt Er sie: „Ist echtes Fasten nur mechanisch – nur etwas, das man wie eine Übung eben macht, ohne echte Bedeutung?" In den Versen 6 bis 9 zeigt ihnen der Herr dann, was Fasten ist, an dem Er Gefallen hat.

Frei werden um freizusetzen

Ist nicht [vielmehr] das ein Fasten, an dem ich Gefallen habe: die Fesseln der Gottlosigkeit zu lösen, die Knoten des Jochs zu öffnen, Unterdrückte freizulassen und dass ihr jedes [versklavende] Joch zerbrecht.

Jesaja 58, 6

Ich glaube, dies bedeutet, dass du und ich nicht nur damit beschäftigt sein dürfen, andere freizusetzen, sondern wir sollen auch nicht herumsitzen und uns selbst erlauben, in Gebundenheit zu verharren.

Jesus sagte: „… wenn der Sohn euch freisetzt – zu freien Menschen macht –, dann seid ihr wirklich und unzweifelhaft frei" (Joh. 8, 36). In der uns vertrauteren *Lutherübersetzung* heißt es: „Wenn euch nun der Sohn frei macht, so seid ihr wirklich frei."

Ich glaube, dass wir mit dem Geist Gottes zusammenarbeiten müssen, um das Joch der Bindungen in unserem Leben und im Leben der Menschen um uns herum zu brechen. Wenn wir fähig sein wollen, andere freizusetzen, dann müssen wir erst selbst frei werden.

Fasten, um zu teilen

Besteht es nicht darin, dein Brot dem Hungrigen zu brechen und dass du obdachlose Arme ins Haus führst? Wenn du einen Nackten siehst, dass du ihn bedeckst und dass du dich [den Bedürfnissen von] deinem eigenen Fleisch und Blut nicht entziehst?

Jesaja 58, 7

Manche Menschen kümmern sich so sehr um ihren Dienst, dass sie darüber ihre eigenen Familienmitglieder und Verwandten vergessen. In diesem Vers macht der Herr deutlich, dass wir nicht die einen vernachlässigen sollen, um anderen unsere Aufmerksamkeit zu schenken.

Hier wird uns vom Herrn gesagt, dass wir nicht nur den Bedürfnissen derer um uns in der Welt begegnen sollen, den Bedürfnissen der Armen und der Nackten, sondern dass wir auch die Bedürfnisse derer berücksichtigen sollen, die unser eigen Fleisch und Blut sind, also die Bedürfnisse unserer eigenen Familie und Verwandten.

Ich habe eine verwitwete Tante, der ich oft diene. Ich dachte früher, dass ich dafür zu beschäftigt sei. Aber der Herr hat mir gezeigt, dass sie mein „Fleisch und Blut" ist, und dass es meine Verantwortung ist, mich um ihre Bedürfnisse genauso zu kümmern, wie ich mich um die Bedürfnisse anderer kümmere. Wenn ich diese Verantwortung nicht wahrnehme, dann werde ich den Preis dafür bezahlen, indem ich erlebe, dass ein Teil der Salbung Gottes von meinem Leben weggenommen wird.

Es ist nicht genug, einfach in den Dienst berufen zu werden. Es ist nicht genug, einfach zu beten. Es ist nicht genug, einfach im Wort Gottes zu lesen. Wir müssen auch *tun*, was das Wort Gottes sagt. Und sein Wort sagt, dass wir den Armen zu essen geben, die Nackten bekleiden und uns nicht vor unserem eigenen Fleisch und Blut verstecken sollen.

Wenn wir all das getan haben, *dann* wird Vers 8 für uns zutreffen.

Gnade empfangen erfordert Gnade geben

Dann wird dein Licht hervorbrechen wie der Morgen, und deine Heilung [deine Wiederherstellung und die Kraft eines neuen Lebens] wird schnell voranschreiten, und deine Gerechtigkeit [Aufrichtigkeit, Wahrhaftigkeit und deine rechte

Ich und meine große Klappe

Beziehung zu Gott] wird vor dir hergehen [und dich zu Frieden und Wohlstand führen], und die Herrlichkeit des Herrn wird den Schluss deines Zuges bewachen.
Jesaja 58, 8

Ich habe das 58. Kapitel von Jesaja genau studiert, weil es einige sehr mutige Zusagen enthält. Aber es sind darin auch einige sehr deutliche Anforderungen enthalten.

Das eine hängt vom anderen ab.

Ich danke Gott für seine Gnade. Ich bin dankbar, dass ich nicht versuchen muss, alles selbst zu tun. Ich bin dankbar, dass Er mir für alles, was Er mir zu tun aufträgt, auch die Gnade gibt, um es auszuführen. Auf diese Weise bekommt Er die Ehre dafür, nicht ich.

Aber das heißt nicht, dass ich nichts zu tun hätte, dass ich einfach im Sessel sitzen und darauf warten könnte, bis der Herr alles tut.

Nein, ich muss mit der Gnade Gottes zusammenarbeiten.

Und du musst das auch.

In diesem Kapitel sind viele Zusagen für Frieden und Wohlstand für uns als Gottes Volk enthalten; aber, wie wir in diesem Vers sehen, hängen sie alle davon ab, wie wir bestimmte Dinge tun.

Verurteile nicht, spotte nicht – und achte auf deinen Mund

Dann wirst du rufen, und der Herr wird antworten; du wirst um Hilfe schreien, und er wird sagen: hier bin ich. Wenn du aus deiner Mitte fortschaffst das Joch der Unterdrückung [wo immer du es findest], den voller Spott ausgestreckten Finger [auf den Unterdrückten oder den Gottesfürchtigen] und jegliche falsche, harte, ungerechte und böse Rede.
Jesaja 58, 9

Wenn unsere Gebete nicht beantwortet werden, kann es deswegen sein, weil wir nicht das tun, was Gott uns aufgetragen hat.

Eines, was er uns geboten hat, ist, das Joch der Unterdrückung aus unserer Mitte wegzunehmen und nicht mehr mit dem Schmähfinger auf den Unterdrückten oder Gottesfürchtigen zu zeigen.

Zum Fasten gehört auch der Mund

Das ist Verurteilung.

Wenn wir mit der gegenseitigen Verurteilung aufhören, werden Dinge in unserem eigenen Leben besser werden.

Außerdem müssen wir noch aufhören, falsch, hart, ungerecht oder böse zu reden. In der *Schlachterbibel* wird dies im letzten Vers übersetzt mit „unheilvolle Reden". Was ist unheilvolle Rede? Es ist nutzloses Reden, sinnlose Rede.

Wenn ich nicht vorsichtig bin, kann ich sehr schnell darin schuldig werden, nutzloses Zeug zu reden. Ich kann anfangen, zu reden und immerzu weiterzureden. Manchmal spreche ich in meinem persönlichen Leben und Dienst von morgens, wenn ich aufstehe, bis ich spät abends zu Bett gehe. Dann habe ich so viel gesprochen, dass mein Inneres ganz durchgeschüttelt und mein Gehirn Hackfleisch ist. Ich bin einfach körperlich und seelisch erschöpft.

Weißt du, was mir der Herr dazu gesagt hat? Er sagte: „Der Grund, warum du dauernd so müde bist, liegt darin, dass du zu viel sprichst!" Also musste ich nach dem handeln, was diese Bibelstelle sagt, und lernen, mein Reden zu kontrollieren. Als eine Dienerin am Evangelium wurde ich von seiner Majestät, dem König, in den Dienst gerufen. Als königliche Botschafterin (2. Kor. 5, 20) wird von mir gefordert und erwartet, dass ich auf sorgfältige Weise Kontrolle über meine Worte ausübe.

Dasselbe gilt für dich und alle, die dem Herrn dienen.

Segnen statt fluchen

Und wenn du das, mit dem du dein eigenes Leben erhältst, mit dem Hungrigen teilst, und wenn du die Bedürfnisse des Gebeugten erfüllst, dann wird dein Licht aufgehen in der Finsternis, und dein Dunkel wird sein wie der Mittag. Und der Herr wird dich beständig leiten und wird dich sättigen in Hungersnot und an dürren Orten und deine Gebeine stark machen. Und du wirst sein wie ein bewässerter Garten und wie eine Wasserquelle, die nie versiegt. Und deine alten Ruinen sollen wieder aufgebaut werden; du sollst die Grundmauern von [Gebäuden, die viele] Generationen [lang

Ich und meine große Klappe

zerstört waren] wieder aufbauen; und du wirst genannt werden: Der, der Lücken zumauert und Wege ausbessert, damit man dort wohnen kann.

Jesaja 58, 10–12

Was für eine wunderbare Zusage! Wann können du und ich erwarten, dass all diese Segnungen des Herrn auf uns kommen? Wenn wir aufhören, uns gegenseitig zu verurteilen und von uns jede Form von nutzlosem, falschem, hartem, ungerechtem und bösem Reden wegnehmen. Wir müssen damit aufhören, von Gott Segnungen zu erwarten, solange wir aus unserem Mund Flüche über andere ausstoßen.

Ist es der Sache nicht wert?

Wenn du deinen Fuß am Sabbat [von unangebrachtem Reisen] abhältst und dich davon zurückhältst, an meinem heiligen Tag deiner Freude nachzugehen; und wenn du den Sabbat eine [geistliche] Wonne und den heiligen Tag des Herrn geehrt nennst; wenn du ihn dadurch ehrst, dass du nicht deine Gänge machst und nicht deine Freude suchst und nicht deine eigenen [nutzlosen] Worte sprichst, dann wirst du deine Lust haben am Herrn, und ich will dich über die Höhen der Erde gehen lassen, und ich werde dich speisen mit dem [dir versprochenen] Erbe deines Vaters Jakob; denn des Herrn Mund hat es geredet.

Jesaja 58, 13–14

Im Grunde sagt der Herr hier in diesem Abschnitt Folgendes: „Wenn du meine Segnungen in deinem Leben wirklich erfahren willst, dann tu nicht alles nach deinem eigenen Gutdünken, sondern finde stattdessen lieber heraus, was ich will, dass du es tun sollst – und dann tu es. Strebe nicht nach deiner eigenen Freude, sondern suche erst meinen Willen. Sprich nicht deine eigenen nutzlosen Worte, sondern sprich meine mächtigen Worte aus, denn sie werden nicht leer, ohne Wirkung, nutzlos zurückkommen" (vgl. Jes. 55, 11).

Wenn du und ich wirklich wollen, dass die Segnungen Gottes auf unser Leben kommen, dann können wir nicht einfach sagen, was wir sagen wollen und wann wir es sagen wollen. Wir müssen unseren Mund dazu benutzen, Gott zu ehren, andere und uns selbst zu segnen.

Zum Fasten gehört auch der Mund

Wir müssen Gottes Segnungen in unsere Gemeinden hineinbringen, in unser Zuhause, in unsere Arbeit, in unsere Gesellschaft. Wir müssen Menschen nicht anpredigen. Vielmehr sollen wir einen göttlichen Lebensstil vor ihnen führen. Wir brauchen keinen „Stunk zu machen", sondern wir sollen einen wohlriechenden Duft mitbringen, der anderen und Gott wohlgefällig ist (2. Kor. 2, 14–15).

Der Herr hat mir gesagt: „Sei nicht abstoßend, sei durchdringend. Dring einfach mit der Frucht des Geistes ein, mit Freundlichkeit, Sanftmut, Güte, Liebe, Freude, Friede und dem ganzen Rest der Frucht."

In deinem und meinem Leben ist ein Duft, der uns umgibt. Auch wenn wir ihn selbst nicht riechen, der Herr riecht es. Er hat eine sehr feine Nase. Wenn ich bete, will ich nicht, dass mein Gebet für die Nase des Herrn wegen der Worte, die ich außerhalb meiner Gebetszeit gesprochen habe, ein Gestank ist.

Die Bibel sagt, dass Gott jedes Wort kennt, das von unseren Lippen noch gar nicht ausgesprochen ist. „Siehe, denn es ist kein Wort auf meiner Zunge [das noch unausgesprochen ist], das du, Herr, nicht schon wüsstest" (Ps. 139, 4). Er weiß nicht nur, was wir gestern gesagt haben und was wir heute sagen, sondern auch, was wir morgen sagen werden – und sogar, was wir denken. Deshalb muss unser Gebet das des Psalmisten sein: „Lass dir wohlgefallen die Worte meines Mundes und das Nachsinnen meines Herzens vor dir, Herr, mein [fester, undurchdringbarer] Fels und mein Erlöser" (Ps. 19, 15).

10
Der verleumderische Mund

Tod und Leben stehen in der Macht der Zunge, und die, die sie gewähren lassen, werden die Frucht davon [von Tod oder Leben] essen.

Sprüche 18, 21

Wenn du bereits eine Lehre über den Mund gehört oder gelesen hast, dann ist dir diese Bibelstelle wahrscheinlich schon öfter begegnet. Wir haben sie in diesem Buch bereits erwähnt, aber ich halte sie bei diesem Thema für so wichtig, dass sie es wert ist, noch einmal genauer betrachtet zu werden.

Denke mal einen Moment darüber nach: „Tod und Leben stehen in der Macht der Zunge."

Haben wir eine Ahnung davon, was das heißt? Es bedeutet, dass du und ich mit einer gewaltigen Macht – wie Feuer oder Strom oder Kernkraft – direkt unter unserer Nase durch das Leben gehen, mit einer Macht, die Leben oder Tod hervorbringen kann, je nachdem, wie sie eingesetzt wird.

Mit dieser Macht haben wir die Fähigkeit zu großen guten Taten oder zu großen bösen Taten, die Macht zu großem Nutzen oder großem Schaden. Wir können sie dazu gebrauchen, Tod und Zerstörung hervorzubringen, oder wir können sie dazu gebrauchen, Leben und Gesundheit zu bewirken. Wir können durch unser Reden Krankheit, Leid, Meinungsverschiedenheiten und Unglück verursachen oder aber Heilung, Einheit, Trost und Erbauung aussprechen.

Die Wahl liegt bei uns.

Sähen und ernten

Irret euch nicht! Gott lässt sich nicht spotten. Denn was der Mensch sät, das wird er ernten. Wer auf sein Fleisch sät, der

Ich und meine große Klappe

wird von dem Fleisch das Verderben ernten; wer aber auf den Geist sät, der wird von dem Geist das ewige Leben ernten.

Galater 6, 7–8 (*Luther*)

Beachte, dass im zweiten Teil von Sprüche 18, 21 steht, dass wir die Frucht unserer Lippen essen werden.

Dies erinnert an das geistliche Prinzip, dass wir das, was wir säen, ernten werden. Wenn wir auf das Fleisch säen, werden wir vom Fleisch Ruin und Zerfall und Verderben ernten. Aber wenn wir auf den Geist säen, werden wir vom Geist Leben und Gesundheit und Überfluss ernten.

Weißt du, dass du die Macht hast, etwas für deine Zukunft zu tun? Diese Macht befindet sich direkt unter deiner Nase.

Vor kurzem las ich ein kleines Buch darüber, wie Gott jetzt in dieser Zeit nach sich emporschwingenden Adlern sucht, nach rechtschaffenen Männern und Frauen, die aufrichtig sind, ihr Wort halten, ihre Verpflichtungen erfüllen und ein geheiligtes Leben führen. Es wurde die Aussage gemacht: „Es ist schrecklich schwer, ein sich emporschwingender Adler zu sein, wenn man von so vielen Truthähnen umgeben ist."

Manchmal ist es schwer, unseren Mund unter Kontrolle zu halten, positiv zu sein und den Herrn zu loben und zu ehren, wenn sich um uns herum anscheinend alle dem Nörgeln, Jammern und allen möglichen anderen negativen Einstellungen hingeben.

Gebrauchst du deinen Mund zum Loben und Erbauen oder benutzt du ihn zum Entmutigen und Zerstören? Gebrauchst du ihn, um dich selbst und andere zu ermutigen, oder benutzt du ihn dazu, dich und andere niederzudrücken? Hast du eine Vorstellung davon, wie wichtig die Worte deines Mundes sind?

Wie wir schon betont haben, wenn es einen Bereich in unserem Leben gibt, in dem wir Disziplin und Selbstbeherrschung ausüben sollen, dann ist es bei der Wahl unserer Worte.

Ich habe dir mitgeteilt, wie der Herr mir einmal gesagt hat, dass mein größtes Problem darin lag, dass ich zu viel redete. Was ich sagte, war nicht unbedingt schlecht, es war einfach Geplapper. Weißt du, was die Bibel darüber sagt? Sie sagt, dass wir Probleme bekommen werden, wenn wir ein Plappermaul sind (Pred. 5, 1–6).

Das habe ich in den Jahren meines Dienstes gelernt. Wenn ich zu viel rede, dann werde ich unruhig und verliere meinen Frieden – nicht weil ich etwas Böses sage, sondern einfach, weil ich still sein und zuhören muss.

Sprich ein Wort zur rechten Zeit

[Der Diener Gottes sagt:] Gott der Herr hat mir eine Zunge gegeben, wie sie Jünger haben und solche die Lehre empfangen, damit ich weiß, dem Müden ein Wort zu rechter Zeit zu sagen. Jeden Morgen weckt er mich, er weckt mein Ohr, dass ich höre, wie Jünger hören – wie einer, der gelehrt wird.

Jesaja 50, 4

Wir müssen uns darin üben, unser Ohr auf Gott eingestellt zu haben. Wir müssen auch das tun, was Jakobus lehrt, und schnell zum Hören und langsam zum Reden sein (Jak. 1, 19).

Was denkst du wohl, würde geschehen, wenn wir über das, was wir sprechen, nachdenken würden, bevor wir es aussprechen? Meinst du, wir würden vielleicht manche Dinge nicht sagen?

Der Prophet sagte, dass der Herr ihm die Zunge eines Jüngers gab – eines Lernenden, der gelehrt wird – damit er wüsste, wie er zu dem Müden „ein Wort zur rechten Zeit" sprechen kann.

Siehst du müde Menschen im Leib Christi? Ja, die Welt hat ernsthafte Probleme. Aber es gibt auch viele die Not haben, obwohl sie wiedergeboren und mit dem Geist Gottes erfüllt sind.

Als Dienerin sehe ich nicht die Freude, die unter Gottes Volk sichtbar sein sollte. Gemäß der Bibel ist die Freude am Herrn unsere Stärke (Neh. 8, 10). Freude finden wir nicht in unseren Lebensumständen, wir finden sie in Christus, dem Geheimnis der Zeiten, der in uns lebt. Du und ich lernen, unsere Freude allein in Christus zu finden. Und während wir uns in diesem Prozess befinden, werden wir dadurch, dass wir zueinander Worte zur rechten Zeit sprechen, verschont, müde zu werden.

Ich und meine große Klappe

Dies sollte nicht so sein

[...] die Zunge aber kann keiner der Menschen bändigen: sie ist ein unstetes Übel, voll tödlichen Giftes. Mit ihr preisen wir den Herrn und Vater, und mit ihr fluchen wir den Menschen, die nach dem Bild Gottes geschaffen worden sind. Aus demselben Mund geht Segen und Fluch hervor. Dies, meine Brüder, sollte nicht so sein!

Jakobus 3, 8–10 (*Elberfelder*)

In den Jahren meines Lebens und meines Dienstes habe ich viel über Tratschen, Verurteilen, Kritisieren und Nörgeln gelernt. Vor allen Dingen habe ich gelernt, dass diese Dinge für Gott ein Greuel sind. Es stört Ihn, dass wir mit demselben Mund, den wir dazu benutzen, Ihn zu loben und zu ehren, unsere Mitmenschen, die genau wie wir nach seinem Ebenbild geschaffen sind, verfluchen und verurteilen.

Das ist einfach, nicht wahr? Weißt du, warum? Wegen Stolz. Stolz ist die Einstellung, dass wir rein sind und dass bei anderen etwas nicht stimmt, wenn sie nicht derselben Meinung sind wie wir.

Die Bibel sagt, dass alle Wege eines Menschen in seinen eigenen Augen richtig sind (Spr. 16, 2).

Es würde uns gut tun, etwa drei unserer Freunde auszuwählen, uns mit ihnen mehrmals jährlich zusammenzusetzen und sie zu fragen: „Wie seht ihr mich?" Denn wir sehen uns selbst ganz anders als uns andere sehen.

Ich denke, dass einer der größten Gefallen, die wir Gott und uns selbst tun können, die Einsicht ist, dass wir noch ein ganzes Stück weit gehen müssen, bevor wir perfekt sind. Nun, es ist nichts Falsches darin, nicht vollkommen zu sein, wenn wir ein vollkommenes Herz Gott gegenüber haben. Der Herr sieht unser Herz an und zählt uns als vollkommen, während wir noch auf dem Weg sind, es zu werden. Aber wenn wir demütig genug wären, uns so zu sehen, wie wir wirklich sind, dann würden wir alle anderen nicht so schnell kritisieren. Und wir würden auch nicht so schnell solche Kritik, solche Verleumdung verbreiten.

Verbreitung von Verleumdung

In einem Griechischlexikon fand ich eine Definition des Wortes „Verleumder". Es beschreibt Menschen, deren Schuld es ist, Fehler an anderen zu finden und Kritik zu verbreiten.[1]

Nachdem ich diese Definition gelesen hatte, dachte ich über das Wort „verbreiten" nach. „Verbreiten" heißt nicht unbedingt, hinauszugehen und zehn anderen Leuten etwas zu erzählen. Es kann auch etwas verbreitet werden, wenn es nur einem einzigen Menschen erzählt wird.

Ich ging einmal durch eine Zeit, in der ich Getratsche, also anderer Leute Geschichten weiterzuerzählen, überwinden musste. Aber ich habe sie dann immer noch meinem Mann erzählt. Obwohl ich wusste, Dave würde das, was ich ihm im Vertrauen gesagt hatte, nicht weitersagen, erkannte ich schließlich, dass ich ihn, indem ich ihn diesen Geschichten aussetzte (ob sie nun stimmten oder nicht), Gefahr lief, seinen Geist zu vergiften.

Weißt du, wenn uns etwas über jemand anderen erzählt wird, bleibt diese Geschichte in uns, auch wenn wir uns dafür entscheiden, es nicht zu glauben. Wenn wir diese Person dann das nächste Mal treffen, kann es sein, dass wir sie mit etwas anderen Augen sehen. Warum? Weil unser Geist vergiftet wurde.

Nach dem *Webster's Dictionary* ist das englische Wort für *Verleumdung* aus dem lateinischen Wort *scandalum* abgeleitet, das 'Skandal' bedeutet und selbst wiederum aus dem griechischen Wort *skandalon* abgeleitet ist, was 'Falle' bedeutet.[2] Das griechische Wort, das in der *Elberfelder* Bibel in 1. Timotheus 3, 11 mit *verleumderisch* wiedergegeben ist, heißt *diabolos*, das die Strong-Konkordanz definiert als „ein *Verleumder*: insbesondere Satan ... falscher Ankläger, Teufel, Verleumder."[3]

Wie ich bereits angemerkt habe, steht im Griechischlexikon, dass dieses griechische Wort ein Adjektiv ist, das 'verleumderisch, falsch beschuldigend' heißt und dass seine Substantiv-Form mit" 'Verleumder' in Bezug auf diejenigen, die sich der Kritik über das Benehmen und Verhalten anderer hingeben und die ihre Anspielungen und Kritik in der Gemeinde verbreiten." Zwecks weiterer Informationen schlag mal

Ich und meine große Klappe

unter „Ankläger" oder „Teufel" nach. Das Wort, das im Englischen mit „devil" und im Deutschen mit „Teufel" wiedergegeben wird, ist dasselbe griechische Wort, *diabolos*, und bedeutet „ein Ankläger, ein Verleumder."[4]

Verstehst du, was das heißt? Es bedeutet, dass du und ich, wenn wir jemanden verleumden oder falsch beschuldigen, dem Teufel erlauben, unseren Mund zu benutzen. Wie Jakobus uns sagt: „Dies ... sollte nicht so sein!" (Jak. 3, 10; *Elberfelder*).

Bitte verstehe, ich bringe dir diese Botschaft nicht, weil ich auf diesem Gebiet etwa keine Probleme hätte. Ich habe hiermit sehr wohl ein Problem. Daher brauchst du dich nicht schuldig zu fühlen, wenn du in diesem Bereich auch ein Problem hast. Der Herr offenbart uns allen diese Botschaft deshalb, weil Er etwas Gutes in unserem Leben tun möchte, aber unser Mund beeinflusst unsere Salbung.

Viele von uns haben wahrscheinlich schon eine Erkenntnis darüber gewonnen, dass sie andere nicht verurteilen oder ihnen gegenüber hart sprechen sollen. Obwohl hartes Reden nicht gleichzusetzen ist mit Verleumden, so hat es doch den gleichen Beigeschmack.

Wenn ich die Fähigkeit habe, dir Leben zuzusprechen, dich zu ermutigen, dir zu helfen, dazu beizutragen, dass du dich gut fühlst, dich dazu zu bringen, dass du glaubst, du schaffst es, und mich stattdessen aber dafür entscheide, dich zu entmutigen, dich nach unten zu ziehen, ich dazu beitrage, dass du dich schlecht fühlst und dich so weit bringe, dass du aufgeben willst, dann stimmt etwas mit meinem Mund nicht.

Es gibt viele Menschen im Leib Christi, die ihren Mund für den falschen Zweck einsetzen, nämlich zum Verleumden und Kritisieren, und andere zu deprimieren und zu entmutigen.

Es tut mir weh, so viele Menschen zu sehen, die zum Altar strömen und Trost und Befreiung aus Leiden suchen, die ihnen von anderen vor zehn, 15 oder sogar 20 Jahren zugefügt worden sind.

Viel zu oft können diese Menschen all das Gute von Gott nicht ergreifen, weil jemand ihren Geist verwundet oder sogar gebrochen hat, so dass sie sich schließlich als Versager fühlten. Manchmal sind diese

Menschen so deprimiert und verzagt, dass sie nie im Leben über ihre Verfassung hinwegkommen können.

Du weißt gar nicht, wie sehr es mir weh tut, Menschen zu sehen, die es kaum ertragen, zu Menschen wie mir, die geistliche Vollmacht haben, zu gehen und mit ihnen zu sprechen. Der Grund liegt nur in der Art und Weise, wie sie in der Vergangenheit behandelt wurden – oft von Menschen zu Hause oder in der Gemeinde.

Meine Brüder, meine Schwestern, dies soll nicht so sein!

Brecht nicht ihren Geist!

Ihr Väter, fordert eure Kinder nicht heraus, ärgert und reizt sie nicht – seid nicht hart mit ihnen und schikaniert sie nicht; damit sie nicht entmutigt oder widerspenstig oder mürrisch werden und sich minderwertig oder frustriert fühlen. Brecht nicht ihren Geist.

Kolosser 3, 21

Das habe ich mit meinem ältesten Sohn getan. Ich wusste es nicht besser. Ich wünschte, ich hätte gewusst, wie ich meine beiden ältesten Kinder richtig erziehen sollte, so wie ich es mit meinen beiden jüngsten getan habe.

Wir sind alle ein Produkt unserer Umgebung, dessen, wo wir herkommen. Gott sei Dank, dass Jesus Türen öffnet und wir frei werden können. Er heilt, die zerbrochenen Herzens sind (Lk. 4, 18). Die Bibel sagt, dass Er sehr sanft ist: „Das geknickte Rohr wird er nicht zerbrechen ..." (Jes. 42, 3). Er hat heilenden Balsam für einen gebrochenen Körper und einen gebrochenen Geist (Jer. 8, 22; Mal. 3, 20).

Wenn du verletzt und verwundet zu Jesus kommst, dann wird Er dich heilen, so dass du gehen und anderen diese Heilung bringen kannst. Diejenigen, die von dir verletzt wurden, werden dir auch vergeben und Heilung empfangen.

Heute arbeitet mein ältester Sohn für *Life In The Word*. Wir haben eine großartige Beziehung zueinander, wir lieben uns. Aber ich hatte ihn verwundet, indem ich die Dinge tat, die in diesem Vers oben beschrieben sind. Ich hatte ihm zugesetzt, ihn schikaniert und geärgert.

Ich und meine große Klappe

Ich war ständig hinter ihm her, ritt ständig auf etwas herum und sagte ihm dasselbe immer und immer wieder. Bevor mein Sohn und ich beide von dieser Bindung frei werden konnten, musste ich die in diesem Abschnitt aufgezeigte Lektion lernen. Ich hoffe, dass du es schneller lernen wirst als ich.

Brich nicht den Geist eines anderen Menschen!

„Sei ein Schatz!"

Ihr Frauen, seid euren Männern untertan – ordnet euch ihnen unter und passt euch an sie an –, wie es im Herrn richtig und passend und eure Pflicht ist. Ihr Männer, liebt eure Frauen – seid ihnen gegenüber liebevoll und voller Mitgefühl – und seid ihnen gegenüber nicht hart oder bitter oder voller Groll.

Kolosser 3, 18–19

In diesem Abschnitt, der unmittelbar vor dem Vers steht, den wir gerade gelesen haben, sehen wir, wie Ehefrauen und Ehemänner sich gegenseitig im Herrn ansehen und behandeln sollen.

Frauen wird gesagt, dass sie sich an ihre Männer „anpassen" sollen. Nun, ich weiß, dass sich niemand gerne an jemand anderen anpasst. Das liegt einfach nicht in unserer Natur. Aber es liegt in unserer Berufung in Christus Jesus: „Seid einander untertan aus Achtung vor Christus, dem Messias, dem Gesalbten" (Eph. 5, 21).

Genauso sollen auch Ehemänner liebevoll und voller Mitgefühl sein. Das Wort *Mitgefühl* heißt nicht, dass Ehemänner mit ihren Frauen Mitleid haben sollen; es bedeutet, dass sie ihnen gegenüber aufmerksam sein sollen, nicht hart oder unfreundlich oder scharf ihnen gegenüber.

Wir sehen hier also eine Beziehung in zwei Richtungen. Die Frau passt sich an ihren Mann an und wird für ihn ein Schatz. Der Ehemann wiederum liebt seine Frau und ist ihr gegenüber rücksichtsvoll. Sie lernen, sich gegenseitig mit Liebe, Achtung und Respekt zu behandeln und auch so zu sprechen.

Als ich lernte, dass Gott von mir wollte, dass ich für meinen Mann ein Schatz sein sollte, wusste ich nicht, wie ich das machen sollte, und ich widersetzte mich dem. Eine ganze Woche lang wiederholte Er ständig: „Sei ein Schatz, sei ein Schatz, sei ein Schatz." Aber ich verstand es einfach nicht.

Als die Woche fast um war, schenkte mir eine Dame ein Armband mit den Buchstaben K-U-I-P-O darauf. Als ich sie fragte, was das heißt, sagte sie: „Oh, das ist das hawaiische Wort für *Schatz*". Ich sagte: „Oh." Ich erkannte damals, dass Gott das, was Er mir die ganze Woche gesagt hatte, auch wirklich meinte! Das Geschenk war eine große Bestätigung.

Wenn ich etwas über Gott gelernt habe, dann das, dass Er nicht aufgibt! Er ist fester entschlossen als sonst irgendjemand, den ich kenne. Ich wusste plötzlich, dass Gott mich in seiner wunderbaren Zeitplanung von Härte befreien wollte. Der Herr hielt mir diese „sei ein Schatz"-Botschaft auf ungewöhnliche Weise ständig vor Augen. Das Armband war so eng, dass ich es nicht mehr abbekam, nachdem ich es anhatte!

Ich brauchte dazu Seife und Lotion und musste es drehen und wenden, um es abzubekommen. In anderthalb Jahren habe ich es nur zwei- oder dreimal abgelegt. Jahrelang hatte ich also Gottes Zeichen Tag und Nacht an mir hängen: „Schatz!"

Das mag kein männliches Wort sein, aber in diesem Abschnitt ist es genau das, was Gott zu Ehemännern genauso wie zu Ehefrauen sagt: „Sei ein Schatz!"

Sei ein Schatz von einer Ehefrau, wenn du einen Schatz zum Ehemann willst. Sei ein Schatz von einem Ehemann, wenn du einen Schatz zur Ehefrau willst.

Versuche es!

Es funktioniert!

Zuerst wusste ich nicht, wie ich ein Schatz sein sollte. Ich lerne es immer noch, aber es geht schon viel besser. Sei einfach nett, lieb, freundlich und ermutigend!

Ich und meine große Klappe

Der Geist ist der Schlüssel

Der starke Geist eines Menschen erträgt körperlichen Schmerz oder Leiden, wer aber kann einen schwachen und zerbrochenen Geist aufrichten oder ertragen?

Sprüche 18, 14

Erkennst du, was dieser Vers aussagt? Er sagt: Unabhängig davon, was in das Leben eines Menschen kommt, kann er es ertragen, wenn er einen starken Geist in sich hat, der ihn in diesen Zeiten voller Schwierigkeiten durchhalten lässt. Aber wenn sein Geist schwach oder verwundet ist, dann fällt es ihm schwer, irgendetwas im Leben auszuhalten.

Weißt du, wo bei vielen im Leib Christi das Problem liegt, warum sie ihre Schwierigkeiten anscheinend nicht in den Griff bekommen können? Nicht, weil ihre Schwierigkeiten schlimmer wären als die anderer Menschen, sondern weil sie schwach sind – schwach im Geist.

Die Bibel sagt, dass wir die Fehler und das Unvermögen der Schwachen mittragen sollen (Röm. 15, 1). Wir sollen sie emporheben und unterstützen (1. Thes. 5, 14).

Wir haben in Römer 12, 8 gesehen, dass eine der Gaben des Dienstes für die Gemeinde die Gabe der Ermutigung und Erbauung ist. Solche Leute sind meistens leicht zu erkennen, weil sie uns jedes Mal helfen, wenn wir in ihrer Nähe sind, durch das, was sie sagen und tun, uns besser zu fühlen. Es scheint für sie einfach natürlich zu sein, andere allein durch ihre Gegenwart und Persönlichkeit aufzubauen, zu ermutigen und zu stärken.

Nun, du und ich stehen vielleicht nicht „im Dienst eines Mutmachers oder Erbauers", aber wir alle können ermutigen. Wir alle können erbauen. Wir alle können aufbauen, erheben oder: Auftrieb geben und Leben aussprechen. Wir alle können uns weigern, Verleumder zu sein. Wir alle können uns weigern, mit den Worten aus unserem Mund das Werk des Teufels zu tun.

Ermutige und stärke dich im Herrn

Und David war in großer Bedrängnis, denn das Volk sprach davon, ihn zu steinigen. Denn die Seele des ganzen Volkes

> *war erbittert, wegen seiner Söhne und wegen seiner Töchter.*
> *Aber David stärkte sich in dem Herrn, seinem Gott.*
> 1. Samuel 30, 6 (*Elberfelder*)

Jetzt denkst du vielleicht: „Nun, Joyce, das ist eine tolle Botschaft, aber die Wahrheit ist, dass ich jemanden brauche, der *mich* ermutigt und stärkt."

Lass mich dir sagen, was du in dieser Situation tun kannst. Ich weiß es, denn mir ging es genauso – sehr oft. In meinem Dienst wurde ich so entmutigt und war so am Boden zerstört, dass ich einfach aufgeben wollte. Es schien, als würde mich überhaupt niemand ermutigen.

Ich wurde es so satt, alles richtig machen zu müssen – hart zu arbeiten, dauernd zu reisen, zu dieser Zeit immer noch Kinder zu erziehen, die Grundlage für einen neuen Dienst zu legen, endlose Entscheidungen zu treffen. Ich war körperlich, seelisch und emotional ausgelaugt. Ich hatte das Gefühl, dass ich Ermutigung brauchte, aber es war nicht immer jemand da, der sie mir geben konnte.

Tatsache ist, dass ich wütend wurde, weil niemand da war, der mich ermutigte. Ich dachte dann immer an alles, was ich für andere tat, und daran, wie wenig sie für mich taten.

Weißt du, was diese Art zu denken bewirkt? Sie füllt die Seele mit Bitterkeit und Groll. Der Herr möchte nicht, dass wir so reagieren. Er möchte, dass wir zu Ihm kommen und unsere Stärke und Ermutigung in Ihm finden

Ich lernte schließlich, dass die Dinge für mich besser liefen, wenn ich ernst und demütig im Gebet zu Gott ging, statt wütend, bitter und voller Groll zu werden. Ich sagte dann immer: „Herr, ich brauche Ermutigung." Und innerhalb von einer oder zwei Wochen sprach Er dann zu sechs oder sieben Menschen. Als nächstes erlebte ich, dass ich Karten, Geschenke und Blumen erhielt. Menschen schienen regelrecht über mich mit ermutigenden Worten und Gesten herzufallen.

Aber jedes Mal, wenn ich es zuließ, dass ich voller Groll wurde und mich über meinen Mangel an Ermutigung beschwerte, wurden die Dinge nur noch schlimmer.

Ich und meine große Klappe

Du fühlst dich vielleicht gerade jetzt so, als würde sich niemand um dich kümmern, als würde dich niemand anerkennen. Vielleicht liegt der Grund dafür, dass dich anscheinend niemand anerkennt, darin, dass diese Leute so auf sich selbst konzentriert sind, dass sie gar nicht wissen, wie man jemandem Anerkennung zeigt. Oder vielleicht verstehen sie dein Bedürfnis nicht. Wenn du ihnen gegenüber bitter und voller Groll wirst, werden sie nie dazulernen und du wirst von ihnen nie das bekommen, was du dir am meisten wünschst. Deine Bitterkeit und dein Groll können schließlich sowohl dich selbst als auch deine Beziehung zerstören.

Aber wenn du deine Last zum Herrn bringst, wird Er dich hören und dir helfen. Er hat Tausende von ermutigenden Menschen im Leib Christi und Er wird dir genau die Person oder die Menschen schicken, die du brauchst, um dich aufzurichten, zu ermutigen und zu erbauen.

Bete zuerst, dann säe.

Sitze nicht einfach herum und warte darauf, dass jemand dich ermutigt. Und weigere dich nicht, andere zu ermutigen, nur weil du selbst nicht ermutigt wirst. Warte nicht darauf, dass sie zu dir kommen, gehe zu ihnen.

Denke daran, die geistliche Regel lautet: Du erntest, was du säst. Jetzt erntest du vielleicht die Frucht der Samen, die du in deiner Vergangenheit gesät hast, weil du dich weigertest, andere zu ermutigen. Aber das kann sich ändern. Beschäftige dich damit, einen neuen Samen zu säen.

Fange an damit, ein Mutmacher zu sein!

Ein verleumderischer oder ein lindernder Mund?

Laut Konkordanz heißt das griechische Wort, das mit *auferbauen* übersetzt ist, *parakaleo*, was 'herbeirufen' bedeutet.[5] Es hängt mit dem griechischen Wort *parakletos* zusammen, das in der *Elberfelder Bibel* mit *Beistand* übersetzt und im Zusammenhang mit dem Heiligen Geist gebraucht wird.[6]

Wenn du und ich jemanden herbeirufen, um ihn zu stärken und zu ermutigen, dass er mit Jesus weitermacht, weil Gott mit ihm ist, um durch ihn Großes zu tun, dann sind wir im Dienst der Ermutigung. Was geschieht da?

Die heilende Salbe von Gilead beginnt in die verwundete Seele dieser Person zu tropfen. Plötzlich beginnt sie zu denken: „Ja, ich glaube, ich schaffe es."

Und genau das tut der Heilige Geist, der Beistand, für uns. Er kommt zu uns, um uns zu trösten, zu ermutigen, uns zu drängen, dass wir weitermachen, uns vorwärts zu schieben.

Und genau das sollen wir füreinander tun.

Was bedeutet das also alles für uns? Es bedeutet, dass wir eine Wahl haben. Wir können entweder unseren Mund öffnen und ihn als *diabolos* benutzen zum Verleumden, Anschuldigen, Fehlersuchen und um Anspielungen und Kritik zu verbreiten. Oder wir können ihn als *parakletos* gebrauchen, um zu ermutigen, zu stärken, zu helfen, zu inspirieren und zu trösten.

Wenn wir unseren Mund öffnen, kann das, was herauskommt, entweder der Teufel oder der Heilige Geist sein.

Wer wird es sein?

11
In Ungeduld und Zorn geäußerte Worte ziehen Probleme nach sich

Alle Bitterkeit und Entrüstung und Zorn (Wut, Rage, schlechte Laune) und Groll (Grimm, Feindseligkeit) und Streit (Rauferei, Geschrei, Zank) und Verleumdung (üble Nachrede, beleidigende oder lästerliche Sprache) sei ferne von euch, und auch alle Bosheit (Gehässigkeit, Böswilligkeit oder jegliche Niederträchtigkeit).

Epheser 4, 31

Alle beschreibenden Worte in diesem Vers benennen die Dinge, die uns in Schwierigkeiten bringen: Zorn, Wut, Rage, schlechte Laune, Groll, Grimm, Feindseligkeit, Streit, Rauferei, Geschrei, Zank, Verleumdung, üble Nachrede, beleidigende oder lästerliche Sprache, Bosheit, Gehässigkeit, Böswilligkeit oder jegliche Niederträchtigkeit. Was für eine Liste!

Welches der hier genannten Dinge stellt für dich das größte Problem dar?

In meinem Fall würde ich sagen, dass es Rage und schlechte Laune war. Ich war immer fürchterlich gereizt, aber jetzt nicht mehr.

Für mich war es jedoch am schwierigsten, meine Neigung zu Härte und Schroffheit zu überwinden und Heilung dafür zu bekommen. Es war ein ganz schöner Kampf für mich, das aufzugeben und zu lernen wirklich freundlich zu sein. Wenn der Herr auf diesem Gebiet für mich ein Wunder tun kann, dann kann Er es auch für dich tun.

Du und ich, wir müssen keine schlechte Laune haben. Wir müssen nicht jedes Mal, wenn etwas nicht nach unserem Kopf geht, wütend werden. Wir haben im Heiligen Geist die Fähigkeit, anpassungsfähig zu sein (Röm. 12, 16).

Ich und meine große Klappe

Langsam zum Reden und langsam zum Zorn

Versteht [dies], meine lieben Brüder. Jeder sei schnell zum Hören [ein aufmerksamer Zuhörer], langsam zum Reden und langsam zum Verärgertsein und zum Zorn.

Jakobus 1, 19

Jakobus sagt uns, dass wir schnell sein sollen zum Hören, aber langsam zum Reden, langsam zum Zorn und zum Verärgertsein. Davon ist das Wichtigste – und oft Schwierigste – langsam zum Reden zu sein. Sobald wir die Zunge loslegen lassen, gehen auch andere Dinge mit los. Wir alle regen uns auf, wenn wir Pläne für etwas machen und dann etwas dazwischenkommt. Ich habe gelernt, dass ich, wenn mir das passiert, einmal tief durchatme, meinen Mund eine Minute lang halte, mich unter Kontrolle bringe und dann mit meinem Leben weitermache. Ich sage: „Okay, Herr, mit deiner Hilfe schaffe ich es. Es muss nicht alles nach meiner Vorstellung gehen. Gemäß Römer 12 kann ich anpassungsfähig sein. Ich kann meinen Plan ändern. Er wurde ohnehin geändert, also kann ich genauso gut mit dem Strom fließen."

„Fließe mit dem Strom"

„Fließe mit dem Strom" hat für mich zwei Bedeutungen, und zwar wegen eines Vorfalls, der sich ziemlich oft wiederholte, als meine Kinder noch sehr klein waren.

Mir kam es so vor, als würde fast jedes Mal, wenn wir uns zum Essen hinsetzten, jemand ein Glas Milch umschütten. Und immer wenn das geschah, benutzte es der Teufel, um mich damit aufzuregen. Ich wurde immer sofort wütend: „Ich glaube es einfach nicht! Schau mal, was du gemacht hast! Ich habe den ganzen Nachmittag Essen gekocht, und du hast es jetzt ruiniert!"

Aber es war nicht meine Familie, die jedes Essen ruinierte, es war jemand anderes – und es war nicht Satan! Ich dachte, mein Problem sei die verschüttete Milch, aber es war eigentlich mein verdorbenes Ich.

Damals hatten wir gewöhnlich große Abendessen mit vielen Tellern und anderem Geschirr auf dem ganzen Tisch. Wenn also die Milch verschüttet wurde, lief sie sofort unter all diesen Tellern und Geschirrteilen hindurch direkt zu der „Spalte" in der Tischplatte, wo man den Tisch ausziehen kann und eine Platte einsetzt. Ich dachte damals, der Teufel hätte diese Tische mit Spalten erfunden, um mich verrückt zu machen. Jetzt denke ich, dass es vielleicht Gott war, der sie so konstruiert hat (zumindest meinen Tisch), um damit den Geist der Ungeduld in mir zu kreuzigen.

Ich wollte nicht, dass die Milch in die Spalte lief, weil ich wusste, dass sie dann die Tischbeine hinunter und unter die Füße aller rinnen würde. Dann müsste ich den Tisch auseinandernehmen, die Spalte reinigen (wo sich sowieso für gewöhnlich eine Menge Schmutz angesammelt hatte, was wirklich unappetitlich war), und dann auf allen Vieren unter den Tisch kriechen, um ihn und den Fußboden sauber zu machen.

Weil unsere Kinder noch klein waren, fand diese Routine des Verschüttens anscheinend mehrere Male wöchentlich statt. Eines der Kinder verschüttete etwas, und sobald es passierte, wussten sie, dass ein Wutanfall meinerseits folgen würde.

Ich sprang immer wütend auf und rannte, ein Tuch zu holen. Ich ging auf alle Viere und kroch unter den Tisch, wobei mich die Kinder am Kopf stießen. Ich war bestimmt *niemand*, der ein „trautes Heim" schuf! Ich war vielmehr so wütend, dass ich fast explodierte.

Wenn wir in einer Situation, die wir nicht ändern können, egal, was wir tun, wütend werden, dann müssen wir Annahme mit Freude lernen.

„Annahme mit Freude." Das ist ein netter kleiner Satz, den ich gelernt habe.

Der Herr hat mich gelehrt, in solchen Situationen zu sagen: „Nun, jetzt ist es wieder so und nur Gott kann es wegnehmen. Wenn Er es nicht wegnimmt, dann kann ich es genauso gut mit Freude annehmen."

Aber als ich anfing, unter Tische zu tauchen, um Milchströmen nachzujagen, wusste ich zunächst nicht, wie das geht. Ich war vielmehr dort unten, hatte einen Wutanfall und schrie und brüllte – und benahm mich wie eine erwachsene Göre.

Ich und meine große Klappe

Bei einer dieser Szenen sprach der Heilige Geist direkt unter dem Tisch zu mir und sagte: „Weißt du, Joyce, durch all diese Wutanfälle läuft die Milch auch nicht wieder die Tischbeine hinauf, über den Tisch und zurück ins Glas."

Anders gesagt, Er sagte mir, dass der Wutanfall, den ich hatte, an der Situation, in der ich mich befand, auch nichts änderte.

Das ist eine von mehreren Lektionen, die ich dir in diesem Kapitel mitteilen möchte.

Ganz gleich, wie wütend du bist oder wie zornig du wirst, ganz gleich, wie ungeduldig du sein magst oder in welche Art von Rage du hineinkommst oder welche Art von Wutanfall du bekommst, es kehrt deine schlechte Situation nicht ins Gegenteil um.

Wenn du in einem Stau stehst, kannst du eine geschlagene Stunde lang dasitzen und dich aufregen und schäumen und toben und wettern, ohne dass dich das auch nur eine Sekunde schneller aus dem Stau herausbringt. Du bekommst davon nur Kopfschmerzen, einen verspannten Nacken, Rückenschmerzen, einen nervösen Magen, Hautausschlag, hohen Blutdruck, vielleicht sogar ein Magengeschwür, und letztendlich einen Nervenzusammenbruch, wenn nicht sogar einen Herzinfarkt oder Schlaganfall.

Ist es das denn wert?

Der Herr sagte also an diesem Abend zu mir unter dem Tisch: „Weißt du, Joyce, du solltest lernen, mit dem Strom zu fließen. Wenn die Milch die Tischbeine hinunterfließt, dann geh einfach mit und verliere deinen Frieden nicht."

Damals begann ich also zu lernen, wie ich „mit dem Strom floss". Wenn ich mit dem Strom fließe, kommen viel nettere Dinge aus meinem Mund, als wenn ich dagegen ankämpfe.

Seid anpassungsfähig und flexibel

Lebt in Eintracht untereinander; seid nicht hochmütig (eingebildet, überheblich, arrogant), sondern passt euch bereitwillig [Menschen und Dingen gegenüber] an und haltet euch an demütige Aufgaben. Überschätzt euch nie und haltet euch nicht selbst für klug.

Römer 12, 16

Dem Apostel Paulus zufolge können wir lernen, anpassungsfähig zu sein. Und wir können auch flexibel und formbar sein. Das heißt natürlich nicht, dass es nicht Dinge gibt, denen wir widerstehen oder die wir ändern sollen. Es bedeutet auch nicht, dass wir uns einfach hinlegen sollen und die Welt und den Teufel über uns hinwegrennen lassen.

Aber es gibt kleine, unbedeutende Dinge, die sich jeden Tag in unserem Leben ergeben und die unseren Frieden stehlen; Dinge, die wir absolut nicht ändern können. Wir müssen lernen, wie wir mit diesen kleinen Ärgernissen umgehen, wie wir uns beruhigen und nicht mehr jedes Mal, wenn die kleinste Sache schief geht, einen Wutanfall bekommen.

Wie wir in Epheser 4, 31 gesehen haben, listet Paulus einige der Dinge auf, die uns in Schwierigkeiten bringen, wie zum Beispiel schlechte Laune, Groll, Grimm, Feindseligkeit, Streit, Rauferei, Geschrei und Zank. Ich glaube, dass es für jedes dieser Dinge eine ursächliche Wurzel und ein Mittel dagegen gibt. Ich glaube, dass die ursächliche Wurzel Stolz und Selbstsucht und Um-Sich-Selbst-Kreisen ist. Anders gesagt, diese Dinge treten auf, weil wir das haben wollen, was wir wollen, und wir es genau dann haben wollen, wenn wir es wollen.

Wie Paulus in Römer 12, 16 deutlich macht, haben wir eine derartig überhöhte Meinung von uns selbst, dass wir denken, wir hätten das Recht darauf, dass alles nach unserem Kopf geht. Deshalb werden wir so wütend, wenn etwas nicht so läuft, wie wir es wollen oder erwarten. Wut erzeugt wütende Worte, und normalerweise läuft es darauf hinaus, dass wir andere verletzen.

Woher kommt Streit?

Woher kommt der Streit (die Uneinigkeit, Fehde) unter euch, und wie entstehen Konflikte (Streitereien und Kämpfe) zwischen euch? Kommen sie nicht aus euren fleischlichen Gelüsten, die in den Gliedern eures Körpers kämpfen? Ihr

Ich und meine große Klappe

seid eifersüchtig und neidisch [auf das, was andere haben] und eure Wünsche bleiben unerfüllt; ihr werdet [also] Mörder [Hassen ist Morden, was eure Herzen anbelangt]. Ihr verbrennt vor Neid und Wut und könnt [die Genugtuung und Zufriedenheit und die Freude, nach der ihr strebt] nicht bekommen, daher rauft und kämpft ihr. Ihr habt nicht, weil ihr nicht bittet. [Oder:] Ihr bittet [Gott darum] und empfangt doch nicht, weil ihr in falscher Absicht und aus bösen, selbstsüchtigen Beweggründen heraus fragt. Eure Absicht ist [wenn ihr das bekommt, was ihr wollt], es für eure fleischlichen Gelüste zu verschwenden.

Jakobus 4, 1–3

Wenn wir ehrlich sind, haben wir doch ein großes Problem mit Selbstsucht, nicht wahr? Ein Grund, warum ich auf diese Sünde aufmerksam mache, liegt darin, dass ich hier genauso schuldig wie jeder andere war und ich diese Botschaft deshalb genau wie jeder andere nötig hatte.

Ich weiß nicht, ob du wie ich bist, aber mein Fleisch (also meine fleischliche Natur) liebt sich einfach selbst. Es will immer seinen Willen bekommen. Aber den kann ich ihm einfach nicht immer lassen.

Und diese Weigerung verursacht einen Konflikt.

Kennst du die zwei Hauptgründe, aus denen Menschen streiten? Erstens, um zu beweisen, dass sie Recht haben, weil wir alle Recht haben wollen. Und zweitens, damit es nach ihrem Willen geht, weil wir alle wollen, dass es bei allem nach unserem Willen geht.

Wir müssen lernen, dass Gott der Einzige ist, der uns unseren Willen geben kann. Wenn etwas nicht so läuft, wie wir uns das vorstellen, dann müssen wir uns einfach beruhigen und etwas mehr Demut üben, damit wir erkennen, dass diese kleinen Dinge, über die wir streiten und uns aufregen, im Leben eigentlich gar keinen so großen Unterschied ausmachen. Wichtig ist Gottes Salbung, und diese Salbung wird einzig und allein dadurch aufrechterhalten, dass wir bereit sind, in Frieden und Harmonie zusammenzuleben.

Wenn wir Gottes Salbung wollen, dann müssen wir in Frieden und Einigkeit mit unseren Brüdern und Schwestern in Christus zusammenleben!

In Ungeduld und Zorn geäußerte Worte ziehen Probleme nach sich

Liebe ist nicht auf sich selbst gerichtet

Die Liebe ist langmütig und geduldig und freundlich; Liebe ist nie neidisch oder schäumt vor Eifersucht, sie ist nicht prahlerisch und nicht aufgeblasen, sie stellt sich selbst nicht hochmütig dar. Sie ist nicht eingebildet – überheblich und stolz; sie ist nicht grob (ohne Benehmen) und handelt nicht ungehörig. Liebe [Gottes Liebe in uns] besteht nicht auf ihr eigenes Recht oder ihren eigenen Willen ...

1. Korinther 13, 4–5

Die Lösung für das Problem des Streitens ist Liebe. Wir müssen lernen, Frieden und Einigkeit zu lieben, und zwar mit unserem ganzen Sein. Wir müssen sie so stark lieben, dass wir sie mehr lieben, als auf unser Recht zu bestehen oder unseren Willen durchzusetzen.

Das meinte Paulus, als er sagte: „Ich sterbe täglich" (1. Kor. 15, 31; *Luther*). Uns selbst zu sterben ist etwas, das du und ich täglich tun müssen, wenn wir Frieden und Einigkeit aufrechterhalten wollen.

Ich erinnere mich an einen Streit zwischen Dave und mir vor einigen Jahren, bei dem es darum ging, in welcher Farbe wir Streifen auf unseren Van kleben würden. Wird es für mich Wirklich in sechs Monaten oder Jahren noch wichtig sein, ob die Streifen auf dem Van so sind, wie ich sie haben wollte, wenn sie einen Krieg zwischen meinem Mann und mir auslösen? Ich werde ja nicht am Fenster hängen und sie die ganze Zeit ansehen. Sogar wenn ich das täte, wären sie ja schon bald mit Schmutz bedeckt, so dass weder ich noch irgendjemand anders sehen könnte, welche Farbe sie haben.

Warum fangen wir Kriege wegen solch kleiner Dinge an, wegen solcher Nebensächlichkeiten? Zwei Gründe: weil wir Recht haben wollen und weil wir unseren Willen durchsetzen wollen, was wiederum Selbstsucht ist. Was ist die Lösung für das Problem der Selbstsucht? Liebe, die mehr auf die Meinung und Wünsche anderer ausgerichtet ist als auf unsere eigenen.

In diesem Buch bittet der Herr dich und mich durch die Kraft des Heiligen Geistes, einige Entscheidungen zu treffen. Wir müssen uns dafür entscheiden, weiter nach oben zu kommen, und sollen nicht mehr versuchen, alles immer nach unserem Willen zu bekommen;

Ich und meine große Klappe

und wir müssen daran denken, dass das, was in unserem Herzen ist, letztlich irgendwann aus unserem Mund herauskommt (Mt. 12, 34).

Frieden hat einen Preis, aber wenn wir bereit sind, ihn zu zahlen, dann ist es die Belohnung wert.

Folge dem Frieden nach

Das Reich Gottes ist [letztendlich] nicht [das zu] Essen und Trinken [zu bekommen, was man mag], sondern Gerechtigkeit – der Zustand, der einen Menschen vor Gott annehmbar macht – und Friede im Herzen und Freude in dem Heiligen Geist. Wer darin Christus dient, ist vor Gott annehmbar und wohlgefällig und von den Menschen geachtet. Darum lasst uns dem nachstreben, was der Einigkeit und gegenseitigen Erbauung (Aufbau und Entwicklung) dient.

Römer 14, 17–19

In der *Elberfelder Bibel* heißt es in Vers 19: „So laßt uns nun dem nachstreben, was dem Frieden, und dem, was der gegenseitigen Erbauung dient."

Meiner Ansicht nach will uns der Herr in diesem Vers unter anderem offenbaren, wie lebenswichtig es ist, in Frieden zu leben. Nach Epheser 6, 15 ist Frieden Teil der Waffenrüstung Gottes, mit der wir uns kleiden sollen.

Gott hat unseren Dienst gesegnet. Ein Grund dafür ist, dass er auf bestimmten Prinzipien beruht, die uns der Herr in der Anfangszeit offenbart und vorgeschrieben hat.

Als Jesus die Jünger jeweils zu zweit aussandte, damit sie predigten und heilten, befahl Er ihnen, in jede Stadt zu gehen und dort nach einem geeigneten Haus zu suchen, in dem sie bleiben konnten, und den Menschen sagen sollten: „Friede sei mit euch." Er sagte weiterhin, wenn sie aufgenommen werden würden, sollten sie bleiben und dienen, wenn sie jedoch nicht aufgenommen werden würden, sollten sie weitergehen und den Staub dieses Ortes von ihren Füßen schütteln (Mt. 10, 11–15).

In Ungeduld und Zorn geäußerte Worte ziehen Probleme nach sich

Ich fragte mich immer, warum Jesus das gesagt hatte. Dann offenbarte mir der Herr, dass die Jünger keine wirkliche Arbeit hätten leisten können, wenn sie in einem Haus oder einer Stadt geblieben wären, wo Streit herrschte. Weißt du warum? Weil Streit den Heiligen Geist betrübt. Wenn der Friede weggeht, geht auch der Heilige Geist weg, und Er ist derjenige, der die eigentliche Arbeit leistet.

Wenn du dir Jesus vorstellst, wie Er umherzieht und anderen dient, wie siehst du Ihn dann? Bestimmt nicht in dieser „schnell, beeil dich"-Haltung, die wir oft haben. Hast du nicht vielmehr ein Bild von Ihm, wie Er in ruhigem, stillem Frieden dient?

Einmal sah ich in der Osterzeit einen Teil des Films *Jesus von Nazareth*. Am meisten beeindruckte mich die Art und Weise, wie Jesus denen antwortete, die Er traf und mit denen Er Umgang hatte. Manche reagierten sehr heftig auf Ihn, verfluchten Ihn und warfen sogar mit Gegenständen nach Ihm. Aber ganz gleich wie sie Ihn behandelten, Er verlor nie seine Geduld oder regte sich auf oder schlug zurück. Ich dachte damals, wie wunderbar die Filmemacher es geschafft hatten, den inneren Frieden und die Ausgeglichenheit zu porträtieren, die unser Herr unabhängig von seinen äußeren Umständen behielt.

Dies ist ein Charakterzug, den du und ich entwickeln müssen. Als Botschafter für Christus müssen wir mehr wie unser Herr sein. Wenn wir etwas für unseren Herrn und Retter tun wollen, müssen wir lernen, nach Frieden zu hungern und zu dürsten, weil genau auf diesem Gebiet Satan Gottes Volk beraubt. Wenn wir einen friedfertigen Geist haben, haben wir auch einen friedfertigen Mund.

Achte auf deine Ausdrucksweise

Es stimmt, dass moralische Leitung und Rat gegeben werden müssen, aber die Art und Weise, wie ihr es sagt und zu wem ihr es sagt, ist genauso wichtig wie das, was ihr sagt.
    1. Timotheus 1, 8 (direkt übersetzt aus *The Message*)

Durch die Gestik, den Tonfall und den Gesichtsausdruck wird eine Botschaft genauso wie durch Worte übermittelt. Man kann lauter richtige Dinge sagen und trotzdem eine falsche Botschaft ausdrücken.

Ich und meine große Klappe

Wenn mich mein Mann zu Beginn unserer Ehe bat, etwas zu tun, was ich nicht tun wollte, sagte ich immer: „Ja, mein Schatz." Aber ich sagte es in einem solch sarkastischen Tonfall, dass er wusste, was ich eigentlich meinte. Er wusste, dass ich nicht sagen wollte: „Ja, mein Schatz, du bist ein so wunderbarer Ehemann, dass ich, obwohl ich das, worum du mich bittest, nicht tun will, es trotzdem tue, weil ich dich liebe." Er wusste, dass ich stattdessen in Wirklichkeit sagte: „Ja, mein Schatz, ich werde das tun, worum du mich bittest, aber nur, weil ich es tun muss."

Die Worte sagten ja, aber der Tonfall und der Gesichtsausdruck übermittelten eine ganz andere Botschaft.

Zwei Arten des Zorns

Denn des Menschen Zorn fördert nicht die Gerechtigkeit, die Gott [wünscht und verlangt]. Darum legt alle Unreinheit und jeglichen wilden Auswuchs an Bosheit ab und nehmt mit einem demütigen (sanften, bescheidenen) Geist das Wort an das, wenn es in euch gepflanzt und [in euren Herzen] verwurzelt ist, die Kraft hat, eure Seelen zu erretten.

Jakobus 1, 20–21

In diesem Abschnitt weist uns Jakobus darauf hin, dass der Zorn eines Menschen nicht das fördert, was vor Gott gerecht ist. Das stimmt. Deshalb sollen wir unseren Zorn und andere gefährliche Gefühle beherrschen.

Aber es gibt einen gerechten Zorn. Ich glaube, dass es Zeiten gibt, in denen es richig ist, zornig zu werden und Wut auszudrücken.

Jesus zum Beispiel wurde zornig und reinigte den Tempel, weil die Menschen Gottes Haus entweihten, indem sie darin kauften und verkauften (Joh. 2, 13–17) und sich nicht wirklich um die Menschen kümmerten. Er ging über den Platz und warf Tische um, jagte Tiere mit einer Peitsche vor sich hinaus und wetterte über das, was stattfand, und ich glaube nicht, dass Er flüsterte, als Er das tat. Er war zornig und Er hatte jedes Recht dazu. Sein Zorn war ein gerechter Zorn, und wir haben dasselbe Recht, dieselbe Art von Zorn auszudrücken wie Jesus.

In Ungeduld und Zorn geäußerte Worte ziehen Probleme nach sich

Gott gab uns unsere Gefühle, und Zorn gehört auch dazu. Ohne Zorn können wir nicht unterscheiden, wenn uns jemand missbraucht. Wenn ich predigen würde, dass wir nie zornig werden dürfen, dann würde ich etwas Unmögliches vorschreiben. Das Gefühl des Zorns sollte sich der geistlichen Frucht der Selbstbeherrschung unterstellen.

Den Unterschied macht aus, was die Bibel das „Gesetz der Freundlichkeit" nennt.

Das Gesetz der Freundlichkeit

Sie tut ihren Mund auf in kluger und göttlicher Weisheit, und auf ihrer Zunge liegt das Gesetz der Freundlichkeit – das Rat und Unterweisung erteilt.
Sprüche 31, 26

Eines meiner größten Probleme, weshalb ich Schwierigkeiten hatte, meinen Zorn und meine Worte beherrschen zu lernen, war in der Tatsache begründet, dass ich in den frühen Jahren meines Lebens misshandelt und missbraucht worden war. Das Ergebnis davon war, dass ich einen schroffen, harten Geist hatte. Ich war entschlossen, dass mich niemand jemals wieder verletzen würde, und diese Haltung beeinflusste meine Worte und meine Rede.

Obwohl ich versuchte, Dinge zu sagen, die richtig waren und anderen gefielen, kamen sie, wenn sie an meiner Seele vorbeigingen und die dort versteckte Härte und Bitterkeit aufnahmen, hart und schroff heraus.

Egal, wie recht dein Herz vor dem Herrn auch sein mag, wenn du Stolz oder Zorn oder Groll in deinem Geist hast, kannst du deinen Mund nicht öffnen, ohne diese negativen Charakterzüge und Gefühle auszudrücken.

Warum ist das so? Weil, wie uns Jesus lehrte, der Mund aus dem Überfluss des Herzens oder des Geistes spricht (Mt. 12, 34).

Der Herr musste also an mir arbeiten. Freundlichkeit wurde zu einem Hauptthema in meinem Leben. Ein Teil dessen, was Gott mir zu diesem Thema in seinem Wort offenbarte, steht in Sprüche 31, dem Kapitel, das von der „tüchtigen Frau" spricht. Darin sagt der Schreiber, dass auf ihrer Zunge das Gesetz der Freundlichkeit liegt.

Ich und meine große Klappe

Als ich das las, dachte ich: „Oh Gott, ich habe alles Mögliche in meinem Mund, aber nicht das Gesetz der Freundlichkeit." Es schien mir, dass ich innerlich so hart war, dass jedes Mal, wenn ich den Mund aufmachte, ein Hammer herauskam.

Vielleicht trifft das auch auf dich zu. Vielleicht wurdest du wie ich misshandelt und missbraucht, so dass du voller Hass, Groll, Misstrauen, Zorn und Feindseligkeit bist. Statt voller Freundlichkeit und Güte bist du voller Härte und Schroffheit.

Statt nach dem Gesetz der Freundlichkeit lebst du nach dem Gesetz des Dschungels.

Das Joch der Sanftmut

Nehmt auf euch mein Joch und lernt von mir; denn ich bin sanftmütig (mild) und von Herzen demütig (bescheiden); so werdet ihr Ruhe – Erleichterung und Erfrischung und Wiederherstellung und gesegnete Stille – finden für eure Seelen. Denn mein Joch ist erbaulich (nützlich, gut) – nicht hart, scharf oder drückend, sondern angenehm, gnädig und lieblich, und meine Last ist leicht.

Matthäus 11, 29–30

Bevor der Herr an meinem Mund arbeitete, klang ich schrecklich. Ich konnte nicht einmal meinen Kindern sagen, dass sie den Müll rausbringen sollten, ohne wie ein Feldwebel zu klingen. Wer möchte schon mit so jemandem zusammenleben? Ich wollte nicht so sein, immer gereizt und ungeduldig.

Bist du so? Wenn ja, dann kann ich dir sagen, dass du dir selbst mehr als irgendjemand anderem weh tust. Ich sage das nicht, um dich zu verdammen, sondern um Licht auf diese Ursache vieler unserer Probleme zu werfen.

Unser Hauptproblem befindet sich direkt unter unserer Nase – in unserem Mund.

Wie wir schon gesehen haben, sagt uns Jakobus, dass kein Mensch die Zunge zähmen kann. Aber etwas können wir doch mit unserer Zunge tun. Wir können sie Gott unterstellen und darum bitten, dass sein Geist die Herrschaft über unsere Zunge übernimmt und sie seinem Willen und Weg unterordnet.

Das ist ein Teil dessen, wovon Jesus gesprochen hat, als Er sagte, wir sollten sein Joch auf uns nehmen.

Sei freundlich – aber fest!

Aber die Weisheit von oben her ist zuerst einmal rein (unbefleckt); dann ist sie friedliebend, gütig (aufmerksam, freundlich). [Sie ist bereit] Einsicht zu gewinnen, ist reich an Barmherzigkeit und guten Früchten. Sie ist aufrichtig und freimütig, unparteiisch und ohne Heuchelei – frei von Zweifel, Unsicherheit und Falschheit.

Jakobus 3, 17

Ich erinnere mich daran, wie ich bei mir zu Hause das Wort *freundlich* in der Konkordanz von James Strong nachschlug und dabei sagte: „Herr, du musst mir helfen." Ich dachte, ich könnte nie freundlich sein. Und schließlich begann der Herr in mir bezüglich Freundlichkeit zu arbeiten.

Das einzige Problem war, dass ich, wie so viele andere Menschen im Leib Christi, so radikal war, dass ich „die goldene Mitte" nicht fand. Sobald ich sah, dass ich zu stark in eine Richtung tendierte, dachte ich, dass ich total in die andere Richtung gehen müsste. Ich „passte mich" viel zu sehr an. Ich wurde so „freundlich" und „nett" und „geduldig", dass ich meinem jüngsten Sohn gegenüber, der erst geboren wurde, als meine anderen Kinder schon groß waren, überhaupt keine Disziplin anwandte.

Ich ging auch in meinen Beziehungen zu anderen zu weit. Dinge in meiner Ehe, meinem Haus und in meinem Dienst gab ich aus der Hand.

Das Problem war, dass ich mich so sehr anpasste und so verständnisvoll wurde, dass ich im Umgang mit Menschen oder Situationen, die eine feste Hand erforderten, untauglich war. Jedes Mal sagte ich mir: „Oh Joyce, du bist schon so weit! Du hast diese Situation so gut gemeistert! Du warst so *nett*!"

Ich und meine große Klappe

Ich fühlte mich wohl dabei zu denken, dass ich so „nett" war – besonders im Umgang mit meinem Sohn. Das einzige Problem war, dass er sich nicht änderte, zumindest nicht zum Besseren. Tatsache war, dass er immer schlimmer wurde.

Schließlich wurde ich zornig und sagte ihm das auch. Ich warnte ihn: „Tu das ja nicht wieder!" Und er tat es nicht wieder. Du musst immer das Gleichgewicht anstreben zwischen liebevoller Härte und einer sanften oder nachsichtigen Haltung.

Natürlich ist mir mein Sohn kostbar, aber es gibt Zeiten, in denen ich ihm ernsthaft sagen muss: „Genug! Ich liebe dich, aber ich nehme diese Haltung und dieses Benehmen nicht hin."

Ich lernte aus eigener Erfahrung, dass ein Extrem genauso schlecht ist wie das andere. Wir müssen in allem *Ausgewogenheit* lernen.

Einerseits sollen wir nicht hart und schroff sein. Aber andererseits dürfen wir auch nicht weich und übertrieben nett sein. Wir sollen nicht reizbar und ungeduldig sein, leicht wütend werden und nicht unkontrolliert reagieren. Andererseits dürfen wir nicht so sanft sein, dass wir zum Fußabtreter oder Prügelknaben für diejenigen werden, die uns ausnutzen, wenn wir sie lassen.

Alles hat seine Zeit: Erdulden und Ausharren hat seine Zeit, und hart und entschieden zu sein hat seine Zeit. „Nicht wütend" zu sein hat seine Zeit und berechtigte Entrüstung auszudrücken hat seine Zeit. Es ist Weisheit zu wissen, wann was an der Reihe ist.

In Frieden von den Friedfertigen gesät

Und die Ernte der Gerechtigkeit (Gottes Willen in Gedanken und Tat entsprechen) ist [die Frucht der Saat], die in Frieden gesät wurde von denen, die nach Frieden streben und Frieden stiften – in sich selbst und in anderen, [das ist] der Frieden, der Einheit (Übereinstimmung und Harmonie) zwischen Menschen bedeutet, mit Gelassenheit, in einer friedfertigen Haltung frei von Ängsten und wütenden Leidenschaften und von moralischen Konflikten.

Jakobus 3, 18

In Ungeduld und Zorn geäußerte Worte ziehen Probleme nach sich

Das ist eine sehr wichtige Bibelstelle.

Weißt du, warum Satan sich so sehr anstrengt, dich und mich aufzuregen, bevor wir zum Gottesdienst gehen? Weißt du, warum der Teufel sein Möglichstes tut, um den Prediger aufzuregen, bevor er die Kanzel betritt?

Weil er nicht will, dass wir uns in einer friedfertigen Haltung versammeln. Er weiß, dass die Worte, die wir hören, an uns regelrecht abprallen, wenn wir innerlich aufgewühlt sind. Sie werden keine Wurzeln schlagen. Unsere Worte sollen Leben und nicht Chaos in sich tragen.

Dieser Bibelvers sagt, dass die Ernte der Gerechtigkeit die Frucht der Saat ist, die in Frieden von denen gesät wurde, die nach Frieden streben und in sich selbst und in anderen Frieden stiften.

Kein Wunder, dass der Herr mir sagte, ich solle nicht versuchen, Frieden im Leben anderer zu stiften, solange ich den Streit nicht aus meinem eigenen Leben verbannt hatte.

Hast du dich jemals darüber gewundert, warum du verschiedene Leute zu unterschiedlichen Zeiten über dieselbe Botschaft predigen hörst, ohne dass es eine Auswirkung hatte, und dann plötzlich hörst du die Botschaft wieder und sie hat eine große Bedeutung für dich? Der Grund liegt darin, dass auf der Botschaft eine Salbung liegt, wenn sie von jemandem verkündet wird, der die Saat sät und dabei in Frieden lebt, von jemandem, der keinen Streit in seinem Leben hat.

Das bedeutet nicht, dass jemand, der die Botschaft predigt, perfekt ist. Aber es bedeutet, dass das Wort des Herrn von jemandem, der in Frieden lebt, in einen friedvollen Boden gesät werden muss, damit es Wurzeln schlagen kann.

Wenn du die Absicht oder den Plan hast, für den Herrn zu arbeiten, musst du deshalb Streit aus deinem Leben verbannen.
So einfach ist das.

Die Wahl liegt bei uns

… so wählt euch heute …

Josua 24, 15 (*Luther*)

Ich und meine große Klappe

Der Teufel versucht mit allen Mitteln uns aufzuregen. Wenn wir uns dann aber tatsächlich aus der Fassung bringen lassen, liegt das nicht daran, dass er uns dazu gezwungen hätte, sondern dass wir uns dazu entschieden haben.

Die Wahl liegt immer bei uns.

Weißt du, dass es unsere Wahl ist, wie du und ich in einer Situation reagieren? Jeder von uns hat eine bestimmte Haltung. Haltungen rufen Reaktionen auf Situationen hervor. Wir reagieren alle während des ganzen Tages und das jeden Tag.

Aber nicht immer auf dieselbe Weise.

Warum geschieht es, dass von zwei Menschen, die in demselben Stau stecken, einer auf eine bestimmte Weise und der andere auf eine völlig andere Weise reagiert? Wegen ihrer unterschiedlichen Haltungen, die sie dazu bringen, eine unterschiedliche Wahl zu treffen.

Deshalb kommt es manchmal vor, dass wir etwas zu zwei verschiedenen Leuten sprechen, und einer von ihnen wird wütend und fühlt sich angegriffen, während sich der andere überhaupt nicht aufregt.

Ich habe eine sehr geradlinige Persönlichkeit. Manche Menschen mögen das, andere nicht. Jemand mag denken, dass das, was ich gerade gesagt habe, wunderbar ist, während es jemand anderes für schrecklich halten mag. Warum? Weil der eine vielleicht sicher und der andere unsicher ist.

Und genauso haben du und ich die Wahl, wie wir auf verschiedene Situationen des Lebens reagieren.

„Joyce, es kann doch nicht so einfach sein, dass man nur eine Wahl zu treffen hat. Du weißt doch sicher, dass Menschen verschieden sind, wie du ja selbst sagst, und deshalb haben sie unterschiedliche Arten, wie sie etwas wahrnehmen, erleben und auf äußere Einflüsse reagieren."

Ja, ich weiß, dass jeder von uns psychisch anders veranlagt ist, und dass jeder von uns im Leben unterschiedliche Erfahrungen gemacht hat, die uns verschieden geformt und geprägt haben. Ich weiß, dass in den meisten von uns Verletzungen und andere geistige, emotionale und geistliche Wunden sind und dass es keine zwei Personen gibt, die

In Ungeduld und Zorn geäußerte Worte ziehen Probleme nach sich

genau gleich sind. Aber die Wahrheit ist, dass wir trotz aller Unterschiede alle die Macht haben, die Wahl zu treffen, wie wir auf äußere Situationen und Umstände reagieren.

Unsere Vergangenheit schmerzt, und Wunden können uns dazu bringen, negativ zu reagieren, aber wir überwinden diese negativen Reaktionen dadurch, dass wir aus dem Wort Gottes lernen und uns dafür entscheiden, lieber danach zu agieren, statt nur auf Umstände zu *re*-agieren.

Gott hat uns mit einem freien Willen geschaffen, mit der Fähigkeit und der Freiheit, unsere eigenen Entscheidungen im Leben zu treffen. Ich denke, dass das Wort, das Er uns zu unserer Zeit mitteilt, dasselbe ist wie das, welches Er den Kindern Israels in den Tagen Josuas sagte: „So wählt euch heute" (Jos. 24, 15).

Anders gesagt: „Werdet erwachsen!"

12

Sprich nichts Böses

Eine freundliche Zunge [mit ihrer heilenden Kraft] ist ein Baum des Lebens, aber halsstarrige Widerspenstigkeit in ihr zerbricht den Geist.

Sprüche 15, 4

Dieser Vers spiegelt dieselbe Botschaft wie Sprüche 18, 21 wider, wo es heißt, dass wir durch den Mund entweder dem Tod oder dem Leben dienen.

Deshalb werden wir überall in Gottes Wort dazu ermahnt, unseren Mund vorsichtig zu gebrauchen und auf unsere Worte zu achten. Wie uns Paulus in Epheser 4, 29 sagte: „Lasst kein faules oder schmutziges Gerede, kein böses Wort noch verdorbenes oder nutzloses Reden [jemals] aus eurem Mund kommen, sondern nur solche [Rede], die gut und nützlich ist für das geistliche Weiterkommen anderer, was für ihre Bedürfnisse und in ihre Situation passt, damit es denen, die es hören, ein Segen ist und Gnade (Gottes Gunst) bringt."

Du und ich sollen nie Dinge aussprechen, die andere Menschen dazu bringen, dass sie aufgeben wollen. Wir sollen uns selbst und uns gegenseitig nicht mit negativen Worten, die von unseren Lippen kommen, verschmutzen.

Der Schreiber der Sprüche sagt uns, dass halsstarrige Widerspenstigkeit den Geist zerbricht. Dieser Vers spricht nicht über den Heiligen Geist, sondern er bezieht sich auf unseren eigenen menschlichen Geist. Unterdrückung des menschlichen Geistes ist ein weiteres Problem, das durch falsche Gedanken und Worte – unsere eigenen und die anderer Menschen – verursacht und verstärkt wird.

Wir sollen unseren Mund nicht dazu benutzen, um zu verletzen, niederzureißen oder zu unterdrücken, sondern um zu heilen, wiederherzustellen und aufzurichten.

Ich und meine große Klappe

Verherrliche das Gute über dem Bösen

Lass dich nicht vom Bösen überwinden, sondern überwinde [beherrsche] das Böse mit dem Guten!.

Römer 12, 21 (*Elberfelder*)

Ich glaube, der Herr will uns mit dieser Bibelstelle sagen, dass an jeder Situation etwas Gutes und etwas Böses ist, genau wie in jedem Menschen etwas Gutes und etwas Böses steckt.

An jedem Tag, an dem du und ich leben, geschehen Dinge, die uns gefallen, und es geschehen Dinge, auf die wir lieber verzichten würden.

Weil wir Kinder des Lichts sind, möchte der Herr, dass wir nicht nur Ihn verherrlichen, sondern auch lernen, wie wir das Gute im Leben, in anderen und in uns selbst verherrlichen.

In diesem Sinn bedeutet verherrlichen größer machen. Wenn wir unsere Stimmen erheben und sagen: „Oh, Herr, wir verherrlichen dich", dann machen wir mit dem, was wir sagen, Gott größer als all unsere Probleme. Und genau das sollen wir mit dem Guten in unserem Leben tun – es größer machen als das Böse.

Und dies ist wieder eine Entscheidung, eine Entscheidung, die wir ständig und dauerhaft treffen müssen, bis es für uns zur Gewohnheit wird.

Die Festung des Negativen überwinden

Denn die Waffen unseres Kampfes sind nicht fleischlich (Waffen aus Fleisch und Blut), sondern mächtig vor Gott, um Festungen umzustürzen und zu zerstören.

2. Korinther 10, 4

Die Bibel spricht von Festungen, die in uns aufgerichtet sind – besonders in unserem Denken. Bis solche Festungen zerstört sind, werden sie uns Schwierigkeiten bereiten.

Der Herr hat mir gezeigt, dass eine Festung wie eine Steinmauer ist. Jedesmal, wenn bestimmte Dinge in unseren Gedanken kreisen, wird ein Stein dazugelegt. Wenn wir bestimmte Gedanken immer wieder denken, dann legen wir sozusagen in unserem Verstand Gleise an.

Wenn diese Gleise oder diese Gewohnheit, wie wir denken und Dinge sehen erst einmal festgelegt sind, dann ist es sehr schwer, sie zu verändern.

Ich habe einmal eine junge Frau beraten, die eine ganz schlechte Meinung von sich selbst hatte. Der Grund dafür lag darin, dass ihr in ihrem Leben immer wieder gesagt worden war, sie tauge nichts und werde es nie zu etwas bringen. Als sie älter wurde, begann sie, diese Botschaft selbst zu wiederholen: „Ich tauge zu nichts. Ich werde es nie zu etwas bringen. Anscheinend stimmt mit mir etwas nicht. Sonst würden mich die Menschen lieben und anständig behandeln."

Ich verstehe, wie solche Festungen im Leben eines Menschen gebaut werden, weil ich sie in meinem eigenen Leben hatte. Wie ich schon sagte, hatte ich eine sehr negative Redens- und Denkart. Der Grund für eine solch starke Festung des Negativen in meinem Leben lag darin, dass mir so viel Negatives zugestoßen und über mich und zu mir gesagt worden war.

Ich wuchs in einem ziemlich negativen Umfeld auf – umgeben von negativen Menschen, die eine negative Sicht der Dinge hatten. Ich lernte, genauso zu sein, und als ich erwachsen war, hatte ich den Eindruck, dass ich mich durch diese negative Vorstellung dem Leben gegenüber schützen konnte. Wenn ich nichts Gutes für mich erwartete, so dachte ich, dann wäre ich wenigstens nicht enttäuscht, wenn nichts Gutes geschah.

Aber vergiss nicht, dass ich auch depressiv und schwierig im Umgang mit anderen war. Außerdem hatte ich viele körperliche Beschwerden, die typisch sind für Menschen mit einer negativen Einstellung.

In meinem Dienst treffe ich ständig auf solche Menschen. Sie sind wie ich in einer negativen Atmosphäre aufgewachsen, daher haben sie einen negativen Geist in sich. Es macht keinen Spaß, solche Menschen um sich herum zu haben. Sie sind auch für sich selbst keine Freude. Aber es gibt eine Möglichkeit, wie du verhindern kannst, negativ zu werden – oder es zu überwinden, wenn du schon negativ bist.

Ich und meine große Klappe

Ein negativer Bericht

Und sie brachten den Israeliten einen bösen Bericht über das Land, das sie erkundet hatten, und sie sagten: Das Land, durch das wir gegangen sind, um es zu erkunden, ist ein Land, das seine Bewohner frisst. Und alle Menschen, die wir gesehen haben, sind sehr groß.

4. Mose 13, 32

In diesem Abschnitt liegt eine Wahrheit, die du dir im Gedächtnis behalten solltest:

Gott sieht negative Berichte als böse Berichte an.

Deshalb lautet die Überschrift zu diesem Kapitel „Sprich nichts Böses". Wir sollen nicht nur nicht schlecht über unsere Lebensumstände sprechen, wie es die hebräischen Kundschafter taten und vom Herrn korrigiert wurden, sondern wir sollen auch nicht negativ über andere Menschen sprechen.

Kennst du jemanden, der perfekt ist? Hast du den perfekten Pastor oder die perfekte Gemeinde oder die perfekte Arbeitsstelle? Lebst du in einer perfekten Nachbarschaft? Hält jeder in deiner Umgebung sein Haus, sein Auto und seinen Hof in perfektem Zustand?

Alles in diesem natürlichen Bereich hat auch Schwächen in sich. Der Apostel Paulus sagt uns, dass wir das Vergängliche aus- und das Unvergängliche anziehen werden, wenn Jesus wiederkommt, um uns zu Sich zu holen (vgl. 1. Kor. 15, 51–55). Aber solange wir hier in diesem irdischen Bereich leben, haben wir immer mit Vergänglichkeit zu tun – dazu gehören auch andere Menschen.

Die meisten Menschen sind genau wie wir ein „Sammelsurium". Die meisten haben etwas Gutes und etwas Schlechtes an sich, genau wie wir. Gott will nicht, dass wir das Schlechte in anderen oder in uns selbst herausstellen. Er will, dass wir das Gute herausstellen.

Der Apostel Petrus sagt, dass Liebe viele Sünden zudeckt (1. Petr. 4, 8). Das sollen du und ich tun. Wir sollen die Schwächen der Menschen zudecken – nicht herausstellen.

Ich spreche jetzt nicht davon, dass wir unsere Augen vor all dem Schlechten in dieser Welt verschließen sollen und es nie beim Namen nennen oder uns damit auseinandersetzen sollen. Hier in diesem Buch spreche ich nicht über unsere äußeren Handlungen, sondern über die Gedanken, die unseren Verstand und die Worte, die aus unserem Mund kommen, beeinflussen.

Egal wie schlecht jemand dich oder mich auch behandeln mag, die Situation wird nicht dadurch besser, dass wir umhergehen und jedem, den wir treffen, erzählen, was uns geschieht. Sie wird nur durch eines besser, nämlich indem wir uns dem Herrn zuwenden und zu Ihm schreien, dass Er uns hilft.

Der Grund, weshalb wir aufhören müssen, zu anderen zu rennen und über unsere Situation zu klagen, ist, dass wir jedes Mal dabei einen weiteren Stein auf die Festung unseres Lebens mauern. Das heißt nicht, dass wir nie über unsere Situation oder unsere Probleme sprechen sollen. Wenn wir in diesem Bereich einen Rat brauchen, dann sollten wir ihn auch suchen. Wenn wir mit jemandem sprechen können, in dessen Möglichkeit es liegt, die Situation oder uns zu ändern, dann sollten wir das ungedingt tun. Aber nur nutzlose Geschichten über eine negative Situation zu erzählen, macht es nicht besser, sondern nur schlechter.

Ich sage nicht, dass wir nie über unsere Probleme sprechen sollen. Ich sage, dass wir <u>mit einem Ziel sprechen sollen</u>.

In Matthäus 12, 36 sagte Jesus, dass wir für unsere nutzlosen, leeren Worte, was in der *Lutherbibel* mit „jedes nichtsnutzige Wort" übersetzt wird, zur Rechenschaft gezogen werden. Wir müssen diese Wahrheit im Gedächtnis behalten, bevor wir unseren Mund aufmachen. Das war der Fehler der hebräischen Kundschafter, für den sie vom Herrn korrigiert wurden; sie lieferten Mose und dem Volk Israel einen negativen, bösen Bericht.

Böser oder guter Bericht?

Und als sie das Land vierzig Tage erkundet hatten, kehrten sie zurück. Sie kamen zu Mose und Aaron und dem ganzen Volk Israel in der Wüste Paran bei Kadesch, und berichteten ihnen und zeigten ihnen die Früchte des Landes. Sie erzählten Mose: Wir kamen in das Land, in das du uns geschickt

Ich und meine große Klappe

hast, und es fließt dort wirklich Milch und Honig und dies sind seine Früchte. Aber die Leute, die dort wohnen, sind stark und die Städte sind befestigt und sehr groß, und wir sahen dort auch Anaks Söhne [die sehr groß und sehr mutig sind] ... Kaleb beruhigte das Volk vor Mose und sagte: Lasst uns sofort hinaufziehen und das Land einnehmen, denn wir können es überwältigen. Aber die anderen Kundschafter sagten: Wir können nicht gegen das Volk [von Kanaan] hinaufziehen, denn sie sind stärker als wir. Und sie brachten den Israeliten einen bösen Bericht über das Land, das sie erkundet hatten, und sagten: Das Land, durch das wir gegangen sind, um es zu erkunden, ist ein Land, das seine Bewohner frisst, und alle Menschen, die wir gesehen haben, sind sehr groß. Wir sahen dort auch die Nephilim [oder Riesen], die Söhne Anaks, die von den Riesen abstammen, und wir waren in unseren Augen wie Heuschrecken und waren es auch in ihren Augen.

4. Mose 13, 25–28 und 30–33

Wir erinnern uns, als die zwölf hebräischen Kundschafter von ihrer Erkundungsreise ins Gelobte Land zurückkamen, gaben nur Josua und Kaleb einen positiven Bericht ab. Die anderen zehn lieferten einen negativen oder bösen Bericht.

Gingen nicht alle zwölf Kundschafter an dieselben Orte und machten dieselben Erfahrungen? Woher kommt dann dieser Unterschied in ihren Berichten?

Werden fünf Menschen mit derselben Prüfung konfrontiert, können vier von ihnen völlig niedergeschlagen werden, einfach durch die Art, wie sie das Problem betrachten und einer kann aus demselben Grund siegreich aus dem Prüfung herauskommen!

Woher dieser Unterschied? Weil sich einer dafür entscheidet, das Gute zu betonen, und die anderen dafür, das Schlechte hervorzuheben. Denke daran, wie bei den Riesen im Land Kanaan wird das, was betont wird, in den Augen dessen, der es betont, immer größer.

Das, worüber du und ich sprechen, wird für uns am realsten – im Negativen wie im Positiven.

Halte das Gefäß rein und bereit für den Gebrauch durch den Meister!

Denn in einem großen Haus gibt es nicht nur Gefäße aus Gold und Silber, sondern auch [Gefäße] aus Holz und Lehm, die einen zu ehrenvollem und edlem, die anderen zu unehrenvollem und unedlem Gebrauch. Wer sich nun reinigt [von dem, was unehrenhaft und unrein ist] – wer sich von verschmutzenden und verderblichen Kontakten fernhält –, wird [dann selbst] ein Gefäß sein zu ehrenvollem Gebrauch und edlen Zwecken, dem Meister geheiligt und nützlich und zu gutem Werk brauchbar und bereit.

2. Timotheus 2, 20–21

Es fällt schwer, nicht über unsere Probleme zu sprechen. Weißt du warum? Weil wir Mitleid wollen. Aber wenn wir weiterhin jedem erzählen, wie wir uns fühlen und wie schrecklich alles in unserem Leben ist, dauert es nicht lange, bis wir gar keinen mehr haben, dem wir es erzählen können. Wir können Menschen mit unseren negativen Berichten erschöpfen – sogar die Menschen, die sich am meisten um uns kümmern.

Ganz gleich, wie sehr uns andere auch lieben mögen, sie wollen nicht jeden Tag denselben negativen Bericht hören. Ein Grund dafür ist, dass sie eigene Probleme haben – sie wollen oder brauchen nicht noch unsere auf sich zu nehmen.

Das ist verständlich.

Wer von uns kann von sich ehrlich behaupten, dass er den Problemen anderer immer gerne zuhört? Wenn dem so ist, dann brauchen vielleicht *wir* Rat und Gebet!

Du und ich haben zweierlei Verantwortung in Bezug auf „böse Berichte". Zum einen sollen wir keine solchen Berichte geben und zum anderen sollen wir sie nicht annehmen. Jeder von uns hat die Verantwortung, anderen gegenüber nicht negativ zu reden und nicht zuzulassen, dass uns andere etwas Negatives berichten.

Wir müssen einander auf gottgefällige Weise helfen, dass wir nicht mehr negativ über andere, uns selbst oder über Situationen, denen wir

Ich und meine große Klappe

alle in diesem Leben begegnen und mit denen wir umgehen müssen, denken und sprechen.

Es gab eine Zeit, in der ich dachte, dass ich Menschen zuhören müsste, wenn sie kamen und über andere tratschten. Ich muss zugeben, dass ein Teil von mir es auch immer noch hören wollte, und so versteckte ich mich hinter der Entschuldigung: „Nun, ich kann diesen Menschen nicht sagen, dass ich es nicht hören will, weil ich ihre Gefühle nicht verletzen will."

Das ist nicht das, was uns der Apostel Paulus in den Versen, die wir in Epheser 4 gesehen haben, lehrt. Er sagte, dass wir unsere eigenen Gedanken oder die Gedanken anderer um uns herum nicht verschmutzen sollen.

Gemäß dem, was Paulus seinem jungen Schüler Timotheus geschrieben hat, sollen wir saubere Gefäße sein. Wir sollen uns selbst rein halten und anderen dabei helfen, dass sie sich selbst auch rein halten.

Eine Art, das zu tun, ist, unsere Gedanken und Worte nach Gottes Willen auszurichten. Wir sollten uns unserer Gedanken und Worte immer bewusst sein, denn Gott hört sie und schreibt sie in sein Gedenkbuch.

Gottes Gedenkbuch

Dann sprachen die, welche den Herrn fürchteten, oft miteinander; und der Herr hörte es an, und es wurde vor ihm ein Gedenkbuch geschrieben für die, welche den Herrn fürchteten und ihm die Ehre gaben und an seinen Namen dachten.

Maleachi 3, 16

Ich glaube, dass es Gottes Herz erfreut, wenn Er uns das Richtige sagen hört. Aber ich glaube auch, dass es Ihn sehr traurig macht, wenn Er hört, wie wir unseren Mund zum Tratschen, Klagen, Kritisieren und Nörgeln gebrauchen und dadurch uns selbst und anderen Ärger bescheren, indem wir unsere Probleme aufbauschen, statt Ihn zu verherrlichen.

Stell dir das doch einmal vor: Du und ich haben die Möglichkeit, Gottes Herz zu erfreuen. Ihn in unseren Gesprächen zu verherrlichen ist eine Weise, das zu tun. Wir können als Kinder des Lichts leben, Salz und Licht der Welt sein, den Namen des Herrn vor allen Menschen um uns herum verherrlichen. Oder wir können den Feind und sein Werk verherrlichen.

Ich erinnere mich daran, wie ich war, bevor der Herr mir viele dieser Wahrheiten offenbarte, die ich dir in diesem Buch mitteile. Ich war so negativ und kritisch.

Ich besuchte beispielsweise jemanden, dessen Haus frisch tapeziert war, und statt all die Mühe, die dahinter steckte, zu loben, konnte ich nur die kleine Stelle sehen, an der die Tapete nicht perfekt saß. Ich sagte dann: „Ihr solltet das noch ausbessern", und ignorierte alles Gute, was getan worden war.

Ich habe nämlich eine Persönlichkeit, die Probleme entdeckt. Das ist zum Teil gar nicht schlecht, weil wir ganz schöne Schwierigkeiten hätten, wenn niemand Probleme in meinem Leben oder Dienst aufdecken würde.

Aber der Herr zeigte mir, dass ich nicht einfach Probleme aufbauschen und dabei noch in Friede und Freude leben kann. Auch wenn es in meinem Leben und Dienst Probleme gibt, wird es weder mich noch regendjemand anderen segnen oder unterstützen oder auferbauen oder ermutigen, wenn ich all das Negative, das ich sehe, aufbausche.

Das bedeutet nicht, dass ich Probleme ignoriere und mich nie darum kümmere. Es bedeutet einfach, dass ich sie von der richtigen Perspektive aus betrachten muss.

Wenn ich jetzt in das frisch tapezierte Haus von jemandem gehe, betone ich nicht mehr die kleinen Unvollkommenheiten oder lenke die Aufmerksamkeit auf sie, auch wenn ich sie noch sehe. Stattdessen sage ich etwas wie: „Mir gefällt euer Teppich!" Ich erwähne etwas Positives und Ermutigendes. Später im kleinen Kreis deute ich dann vielleicht auf das kleine Problem und sage: „Vielleicht solltet ihr diesen kleinen Riss noch reparieren."

Ich und meine große Klappe

Siehst du, es gibt gute Wege, sensible Themen anzuschneiden. Die Bibel sagt, dass Gott uns zuhört, um zu sehen, wie wir mit all den Umständen, auf die wir in unserem Leben treffen, umgehen.

Liefere den guten und nicht den bösen Bericht!

Amalek wohnt im Süden (im Negeb); die Hetiter, die Jebusiter und die Amoriter wohnen im Gebirge, und die Kanaaniter wohnen am Meer und entlang des [Flusses] Jordan.
4. Mose 13, 29

Als die hebräischen Kundschafter mit ihrem Bericht zurückkamen, nachdem sie das Land ausgekundschaftet hatten, das der Herr ihnen versprochen hatte, erzählten sie von den verschiedenen Völkern, die es bewohnten: von den Amalekitern, den Hetitern, den Jebusitern, den Amoritern und den Kanaanitern.

Jeder dieser „-iter" stellte für die Kinder Israels ein anderes Problem dar.

Deshalb berichteten zehn der zwölf: „Ja, es ist ein Land, in dem Milch und Honig fließen, *aber*..." Und es sind immer die „Aber" im Leben, die uns Schwierigkeiten bereiten. Diese zehn wühlten das ganze Millionenvolk der Israeliten auf, die auf eine Entscheidung warteten, ob sie den Jordan überqueren und ihr Erbe in Besitz nehmen sollten. Als sie dem „bösen Bericht" der zehn zuhörten, übernahmen sie denselben Geist, und sie begannen zu murren, zu zweifeln und sich zu fürchten.

Wie wir in Vers 30 gesehen haben, sah Kaleb, was geschah, sprang sofort auf und versuchte das Volk zu beruhigen, indem er ihnen versicherte, dass sie mit der Hilfe des Herrn sehr wohl in der Lage waren, das Land einzunehmen.

Aber statt auf den guten Bericht der beiden, Kaleb und Josua, zu hören, hörte das Volk Israel auf den bösen Bericht der anderen zehn.

Jeden Tag haben du und ich die Gelegenheit, den guten oder den bösen Bericht zu liefern, den Herrn zu verherrlichen oder den Feind groß zu machen. Deshalb hat uns der Herr diese Botschaft in seinem Wort gegeben, damit wir uns entscheiden, mit unserem Mund nichts Böses, sondern Gutes zu sprechen.

Schweigen hat seine Zeit und reden hat seine Zeit

Für alles gibt es eine bestimmte Stunde. Und für jedes Vorhaben unter dem Himmel gibt es eine Zeit ... Zeit fürs Schweigen und Zeit fürs Reden.

Prediger 3, 1 und 7 (*Elberfelder*)

Wie wir in diesem Abschnitt aus Prediger sehen, gibt es eine Zeit und eine Stunde für alles. Das bedeutet, dass es Zeiten gibt, in denen man sich um Probleme kümmern sollte, und andere Zeiten, in denen man sich nicht darum kümmern sollte. Es gibt eine Zeit, in der man jemanden darauf hinweisen soll, dass seine Tapete von der Wand fällt, und eine Zeit, in der man dazu schweigen soll.

Es ist Weisheit, zu wissen, wann man sprechen soll und wann nicht. Aber als allgemeine Regel ist es immer angebracht, andere aufzubauen und zu ermutigen.

Mark Twain pflegte zu sagen, dass er von einem guten Kompliment zwei Monate leben konnte. Ich glaube, dass das für jeden Menschen zutrifft.

Der Teufel macht ganze Arbeit, jeden Menschen niederzudrücken und zu schlagen. Er braucht dazu nicht unsere Hilfe. Wir müssen auf Gottes Seite stehen, nicht auf der des Feindes.

Das ist ein Teil unseres Problems. Unsere gefallene Natur strebt naturgemäß auf die falsche Seite der Dinge zu. Sie will andere kritisieren und Probleme aufbauschen. Aber unsere wiedergeborene Natur möchte andere segnen und das Gute verherrlichen.

Wie immer liegt letztendlich die Wahl bei uns.

Vergiss die Vergangenheit und sieh nach vorne!

Brüder, ich schätze mich selbst [noch] nicht so ein, dass ich es ergriffen und es mir zu eigen gemacht habe. Aber eines tue ich – es ist mein einziges Sehnen: Ich vergesse, was hinten ist und strecke mich aus nach dem, was vorne ist. Ich strebe nach dem Ziel, um den [höchsten und himmlischen] Siegespreis zu gewinnen, zu dem uns Gott in Christus Jesus beruft.

Philipper 3, 13–14

Ich und meine große Klappe

Der Teufel möchte, dass sich jeder von uns darauf konzentriert, wie tief wir gefallen sind, statt darauf, wie hoch wir erhoben worden sind. Er möchte, dass wir unsere Aufmerksamkeit darauf richten, wie weit wir noch zu gehen haben, statt darauf, wie weit wir schon gekommen sind. Er möchte, dass wir daran denken, wie oft wir versagt haben, statt daran, wie oft wir erfolgreich waren.

Aber der Geist Gottes möchte, dass wir uns auf unsere Kraft und nicht auf unsere Schwächen konzentrieren, auf unsere Siege und nicht auf unsere Niederlagen, auf unsere Freuden und nicht auf unsere Probleme. Das sind die Dinge, die wir verherrlichen sollten – die Werke des Herrn und nicht die Werke des Teufels.

Und wir müssen auch anderen helfen, das zu lernen.

Oft kommen Menschen zu mir und sagen: „Joyce, ich weiß nicht, was mein Dienst ist."

Ich sage ihnen: „Nun, warum probierst du nicht den Dienst der Ermutigung, der Erbauung und der Stärkung, bis der Herr es dir offenbart?"

Diese Dinge sind immer unser Dienst. Es ist immer unsere Berufung, andere dazu zu drängen, all das zu bleiben, was sie in Christus Jesus sein können, und sie darin zu ermutigen, weiter vorwärts zum Siegespreis zu laufen.

Lass uns das Böse nicht verherrlichen – lass uns das Gute verherrlichen! Lass es uns größer machen, indem wir darüber sprechen, indem wir in unseren Gedanken, Haltungen, Anschauungen, Worten und Taten positiv sind.

Wie ich dir schon mitgeteilt habe, war ich früher so negativ, dass ich nicht einmal mehr etwas Positives sehen konnte. Ich kämpfte und kämpfte und kämpfte, bis der Herr schließlich zu mir sagte: „Joyce, wenn du mir dein Denken gibst, dann wirst du eines Tages so positiv sein, wie du jetzt negativ bist."

Der Herr wollte, dass ich aufhörte, all meine Werke des Fleisches auszuprobieren, und endlich anfing, Ihm zu vertrauen, dass Er mir hilft.

Wenn du negativ bist, empfehle ich dir nicht, einen Zehn-Punkte-Plan darüber aufzustellen, wie du dich zum Positiven verändern kannst. Ich schlage dir statt dessen vor, dass du dem Herrn, der durch und durch positiv ist, deinen Willen unterstellst. Sag Ihm: „Oh Herr, ich möchte wie Du sein. Hilf mir, positiv und nicht mehr negativ zu sein." Bitte Gott, dich zu verändern (Phil.1, 6).

Tue, was Gott dir auch immer sagt. Arbeite mit seinem Geist zusammen und folge seiner Leitung und Führung, wenn du von der Dunkelheit ins Licht gehst, vom Negativen zum Positiven, vom Tod zum Leben.

Gottes Anteil, unser Anteil

Mein Bund [meinerseits] mit Levi war, dass ich ihm Leben und Frieden gab wegen der ehrerbietigen und anbetenden Furcht [seinerseits], mit der [die Priester] mich ehren und in Ehrfurcht vor meinem Namen stehen sollten. Das Gesetz der Wahrheit war in [Levis] Mund und Ungerechtigkeit wurde nicht auf seinen Lippen gefunden. Er wandelte vor mir in Frieden und Aufrichtigkeit und hielt viele von Sünden zurück.

Maleachi 2, 5–6

Dieser Abschnitt handelt von den Priestern und der Art von Mund, den sie haben sollen. Da ich eine Dienerin am Evangelium bin, interessiert mich dieses Thema natürlich besonders.

Aber in Wirklichkeit sind gemäß Offenbarung 1, 6 alle von uns Könige und Priester, weil Jesus Christus „uns zu einem Königtum (einem königlichen Geschlecht) gemacht hat, Priester für seinen Gott und Vater – ihm sei Ehre und Macht und Majestät und Herrschaft zu allen Zeiten und von Ewigkeit zu Ewigkeit. Amen, so sei es."

Deshalb muss jeder von uns diesen Vers sorgfältig lesen, der uns sagt, dass Gott einen Bund mit seinen Priestern geschlossen hat.

Nun, in einem Bund zwischen zwei Personen muss jeder seinerseits eine Verpflichtung bezüglich dieser Vereinbarung oder diesem Vertrag eingehen. In unserem Bund mit dem Herrn geht Er eine Verpflichtung seinerseits ein, und wir gehen eine Verpflichtung unsererseits ein. Er sagt zu, uns Leben und Frieden zu geben; unsere Verpflichtung ist es, Ihm Ehrerbietung und anbetende Furcht darzubringen, Ihn zu würdigen und in Ehrfurcht vor seinem Namen zu stehen.

Wenn wir nun ehrerbietige und anbetende Furcht vor dem Herrn haben, wenn wir Ihn ehren und in Ehrfurcht vor seinem Namen stehen, dann werden wir unseren Mund nicht dazu gebrauchen, böse über seine Menschen zu sprechen, denen wir als seine Priester dienen.

Die Wurzel böser Rede

Darum, oh Mensch, kannst du dich nicht entschuldigen oder verteidigen oder rechtfertigen, wer immer du auch bist, der du andere richtest und verurteilst. Denn indem du dich als Richter aufspielst und einen anderen verurteilst, richtest du dich selbst, weil du, der du richtest, ständig dasselbe tust, [was du jetzt missbilligst und verurteilst].

Römer 2, 1

Weißt du, dass Tratsch, üble Nachrede, Verleumdung und Klatsch eine Wurzel haben, genauso wie ein Baum oder eine Blume oder Unkraut? Die Wurzel dieser Dinge ist Richten. Und die Wurzel des Richtens ist Stolz.

Wenn wir also böse über andere Menschen sprechen, dann deshalb, weil wir denken, wir seien besser als sie. Einmal redete ich über jemanden, und der Geist des Herrn sagte zu mir: „Was glaubst du eigentlich, wer du bist?"

In Gottes Augen ist Sünde Sünde, und falsch ist falsch. Alles missfällt Ihm gleichermaßen und ist Ihm ein Greuel. Sünde ist auch gefährlich. Deshalb warnte uns Jesus in Matthäus 7, 1–2:

Richtet und kritisiert und verurteilt andere nicht, damit ihr auch nicht gerichtet und kritisiert und verurteilt werdet. Denn so wie ihr andere richtet und kritisiert und verurteilt, so werdet ihr gerichtet und kritisiert und verurteilt werden, und nach dem Maßstab, nach dem ihr andere richtet, werdet ihr selbst gerichtet werden.

In den Versen 3–5 heißt es weiter:

> *Warum starrst du von Außen auf den klitzekleinen Splitter im Auge deines Bruders, aber bist dir nicht bewusst und beachtest nicht den Holzbalken in deinem eigenen Auge? Oder wie kannst du zu deinem Bruder sagen: Freund, lass mich den kleinen Splitter aus deinem Auge ziehen, wenn sich ein Holzbalken in deinem eigenen Auge befindet? Du Heuchler, zieh zuerst den Holzbalken aus deinem Auge. Dann kannst du deutlich sehen, um den kleinen Splitter aus dem Auge deines Bruders zu ziehen.*

Ich umschreibe diesen Abschnitt so: „Warum versuchst du, den Zahnstocher aus dem Auge deines Bruders zu ziehen, wenn du in deinem eigenen Auge einen ganzen Telefonmasten hast?"

Ich verstand, was der Herr meinte, als Er mir sagte: „Was glaubst du eigentlich, wer du bist?", weil Er weiter sagte: „Das ist mein Kind, über das du sprichst!"

Aus dieser Erfahrung heraus lernte ich also, sehr vorsichtig darin zu sein, andere Menschen – besonders andere Gläubige – zu kritisieren, zu richten und zu verurteilen, weil es für mich als Dienerin, als Priesterin eine Verletzung meiner göttlichen Berufung darstellt. Da du auch ein Priester vor Gott bist, ist es auch eine Verletzung deiner göttlichen Berufung.

Behalte das Gesetz der Wahrheit in deinem Mund!

> *Das Gesetz der Wahrheit war in Levis Mund und Ungerechtigkeit wurde nicht auf seinen Lippen gefunden. Er wandelte vor mir in Frieden und Aufrichtigkeit und hielt viele von Sünden zurück. Denn die Lippen des Priesters sollen die Lehre [meines Gesetzes] bewahren und rein halten, und die Menschen sollten Weisung aus seinem Mund suchen – nachforschen und erfragen; denn er ist der Bote des Herrn der Heerscharen.*
>
> Maleachi 2, 6–7

Da du und ich Priester und Könige vor unserem Gott sind, müssen wir das Gesetz der Wahrheit in unserem Mund behalten.

Ich und meine große Klappe

Wie wir schon gesehen haben, bedeutet das vielerlei: nicht richten oder kritisieren oder verurteilen, keine Klatschbase oder kein Wichtigtuer sein.

Sei kein Wichtigtuer!

Lasst aber niemanden von euch als Mörder oder Dieb oder als einen anderweitig Straffälligen oder als (aufdringlichen) Unruhestifter in Angelegenheiten anderer – unter Verletzung ihrer Rechte – leiden.

1. Petrus 4, 15

Die englische *Living Bible* übersetzt diesen Vers so: „Lasst mich nichts davon hören, dass jemand wegen Mord oder Diebstahl oder Unruhestiften leidet oder deswegen, weil er ein Wichtigtuer ist und seine Nase in die Angelegenheiten eines anderen steckt."

Was ist ein *Wichtigtuer*? Eine Ausgabe des englischen Wörterbuchs von Webster definiert einen *Wichtigtuer* als: „Jemand, der sich in die Angelegenheiten anderer einmischt."[1] In einer anderen Ausgabe heißt es: „eine neugierige, aufdringliche Person"[2]. Ich definiere einen „Wichtigtuer" als jemanden, der böse Berichte ausgräbt und es zu seiner Aufgabe macht, sie durch Klatschen, üble Nachrede, Tuscheln und so weiter zu verbreiten.

Webster's Dictionary definiert *Klatschbase* als „... jemand, der gewöhnlich intime oder private Gerüchte oder Tatsachen wiederholt" und *klatschen* als „... mit Klatsch beschäftigt sein und ihn verbreiten."[3] Meine Definition einer Klatschbase ist jemand, der Gerüchte und Teilinformationen aufbauscht und zur Sensation macht.

Einen *Verleumder* haben wir schon definiert (nach Vine). *Verleumder* sind „diejenigen, die sich dem hingeben, am Tun und Verhalten anderer Kritik zu üben und ihre Anspielungen und Kritik in der Gemeinde verbreiten."[4] *Verleumdung* bedeutet nach *Webster*: „... diffamierende Äußerung, die dem Ruf oder dem Wohlbefinden einer Person abträglich ist. Ein bösartiger Bericht oder eine bösartige Aussage" und *verleumden*: „... zerstörerische Berichte äußern über".[5]

Tuscheln wird in Websters Wörterbuch definiert als: „Substantiv: ... Vermutung, Gerücht oder Hinweis, verstohlen oder heimlich zum

Ausdruck gebracht [ein unschickliches *Tuscheln*]", „Verb: ... Leise oder im Geheimen sprechen, so wie wenn man Klatsch, Verleumdung oder Intrigen weitersagt."[6] Ein *Tuschelnder* spricht leise oder im Geheimen, um unschicklich oder heimlich Klatsch, Verleumdung oder Intrigen weiterzugeben.

Wenn wir über diese Definitionen nachdenken, kommt es uns weniger schlimm vor, ein aufdringlicher Mensch oder eine Klatschbase oder ein Tuscheler – oder sogar ein Verleumder – zu sein als ein Mörder oder ein Unruhestifter oder ein Dieb oder ein Krimineller. Doch der Apostel Petrus verbindet diese alle miteinander und nennt sie Sünde in Gottes Augen. Auch in 1. Thessalonicher 4, 11 wird uns in einer weiteren großartigen Lehre gesagt, dass wir uns um unsere eigenen Angelegenheiten kümmern sollen: „Und setzt euren Ehrgeiz und euer ganzes Streben dafür ein, ruhig und friedlich zu leben, euch um eure eigenen Angelegenheiten zu kümmern und mit euren Händen zu arbeiten, wie wir euch geboten haben."

Die Sünde der Übertreibung

Der Herr hat mir offenbart, dass sogar die scheinbar harmlose Angewohnheit der Übertreibung eine genauso große Sünde ist wie die anderen oben genannten Sünden.

Warum wollen wir dauernd übertreiben? Weil wir möchten, dass Dinge, die gut sind, noch besser klingen, und dass Dinge, die schlimm sind, noch schlimmer klingen. Anscheinend liegt es einfach in der Natur des Fleisches, zu übertreiben und Dinge außer Verhältnis zu setzen.

In diesem Abschnitt sagt der Herr, dass die Lippen seiner Priester die Lehre seines Gesetzes bewahren und rein halten sollen. Warum? Weil das Volk Unterweisung aus dem Mund des Priesters, der ja Gottes Bote ist, sucht und fordert.

Als Gottes Boten, als sein Sprachrohr, müssen du und ich sicher sein, dass sowohl das Gesetz der Wahrheit als auch das Gesetz der Freundlichkeit in unserem Mund ist und dass wir mit unseren Lippen nichts Böses sprechen.

13
Eine besänftigende Zunge

Hört, denn ich spreche herausragende und edle Dinge; und ich öffne meine Lippen für Richtiges. Denn mein Mund soll Wahrheit reden und meine Lippen hassen und verachten, was falsch ist. Alle Worte aus meinem Mund sind gerecht – aufrichtig und von rechtem Ansehen vor Gott; es ist nichts Falsches oder Betrügerisches darin. Sie sind alle klar für den, der versteht [und sein Herz öffnet], und richtig für diejenigen, die Erkenntnis finden [und danach leben].
Sprüche 8, 6–9

Dieser Abschnitt sollte nicht nur unser eigenes Bekenntnis und Zeugnis sein, sondern so sollte auch unser Ruf sein. Das heißt, das sollten nicht nur wir selbst über uns sagen, sondern auch andere.

Leider haben wir alle in diesem Leben gelernt, um den heißen Brei herumzureden. Wenn wir sprechen, haben andere oft noch nicht die leiseste Ahnung davon, was wir gesagt haben. Wir müssen lernen, offen, geradeheraus, ehrlich und aufrichtig zu sprechen.

Wie uns Jakobus erklärte, sollten nicht Segen und Fluch zugleich aus unserem Mund herauskommen. Wir sollten stattdessen wie die tugendhafte Frau in Sprüche 31 sein: In unserem Mund sollte das Gesetz der Freundlichkeit herrschen.

Als Kinder Gottes, die gefüllt sind mit dem Heiligen Geist, sollen wir die Früchte des Geistes zum Ausdruck bringen, insbesondere Freundlichkeit, Liebenswürdigkeit, Sanftmut und Demut.

Dazu sollen wir neigen.

Was ist deine Neigung?

Ein Gottloser ... ist wie ein brüllender Löwe und ein gieriger Bär.
Sprüche 28, 15 (*Luther*)

Ich und meine große Klappe

Webster's Dictionary definiert *Neigung* als „gewöhnliche Stimmung einer Person: TEMPERAMENT", „ständige Tendenz oder Vorliebe", oder „übliche Art von emotionaler Reaktion".[1]

Welche Art von Neigung hast du? Bist du normalerweise fröhlich und guter Dinge oder bist du mürrisch und missmutig? Bist du nett und freundlich oder bist du verdrießlich und gemein? Bist du ausgeglichen oder wirst du schnell wütend? (Wenn ja, bleibst du lange wütend?) Bist du positiv und optimistisch oder bist du negativ und deprimiert? Bist du unkompliziert und leicht zufrieden zu stellen oder bist du schroff und fordernd?

Wie ich dir schon mitgeteilt habe, schien ich von Menschen mit einer negativen Neigung umgeben zu sein. Es ist schwer, es einer Person recht zu machen, die diese Art von Neigung hat. Wenn du jemals in der Nähe einer solchen Person warst, weißt du sicher, was ich meine. Sie wollen anscheinend immer etwas anderes als das, was sie haben – sie setzen sich zum Beispiel an einen Tisch mit gegrilltem Hähnchen und sind enttäuscht, dass das Hähnchen gegrillt statt gebraten ist. Ich weiß, dass das ein sehr einfaches Beispiel ist, aber ich denke, du verstehst, was ich meine.

Jemand mit dieser Art von Neigung wird oft „missmutig", „Miesepeter" oder „Brummbär" genannt.

Was ist deine Neigung? Bist du ein „missmutiger Brummbär" oder bist du ein „Teddybär"?

Die Neigung zu Stolz

Jeder im Herzen Stolze und Hochmütige ist dem Herrn widerlich, verhasst und überaus anstößig; seid sicher – ich gebe mein Wort –, dass er nicht ungestraft bleibt.

Sprüche 16, 5

Menschen mit einer Neigung zu Stolz sind schwierig im Umgang, weil sie so arrogant sind. Sie lassen sich nichts sagen, weil sie schon alles wissen. Wegen ihrer Voreingenommenheit sind sie immer in einer Abwehrstellung; das macht es für sie schwer, Korrektur anzunehmen, weil es für sie ein Eingeständnis bedeuten würde, dass sie im Unrecht waren – und das ist etwas für sie schier Unmögliches.

In meinem Dienst gebraucht mich der Herr, um durch sein Wort Korrektur zu bringen. Üblicherweise kümmert sich das Fleisch nicht darum, aber das ist es, was uns im Herrn wachsen lässt. Obwohl ich versuche es auf liebevolle Weise zu tun, reagieren manchmal trotzdem Menschen negativ darauf, weil sie durch ihren Stolz der Wahrheit widerstehen. Doch Jesus sagte uns, dass es die Wahrheit ist, die uns frei macht (Joh. 8, 32).

Denke daran, *freie Menschen sind glückliche Menschen.*

Abgesehen davon, dass sie sich stets in Abwehrhaltung befinden, sind stolze Menschen normalerweise auch immer damit beschäftigt, andere davon zu überzeugen, wie sehr sie sich ändern müssten oder was sie tun müssten.

Ich stellte mit Erstaunen fest, dass es nicht meine Aufgabe ist, jemanden zu überzeugen. Es ist die Aufgabe des Heiligen Geistes. In Johannes 16, 8 sagte Jesus, dass der Heilige Geist Menschen von der Wahrheit überzeugt. Das bedeutet, dass du und ich nicht versuchen müssen, im Leben anderer Menschen „Gott zu spielen":

Ich habe beschrieben, wie ich das mit meinen Kindern tat. Ich schaffte es nicht, es so zu machen wie mein Mann – ihnen auf der Grundlage des Wortes Gottes zu sagen, was sie tun sollten und was nicht, und mich dann um meine eigenen Angelegenheiten zu kümmern und dem Heiligen Geist die Möglichkeit zu geben, sie von der Wahrheit zu überzeugen.

Wenn sie Korrektur benötigten, dachte ich, es sei meine Aufgabe, sie davon zu überzeugen, dass sie Unrecht und ich Recht hatte. Ich hielt ihnen stundenlang einen Vortrag und eine Predigt und versuchte sie soweit zu bringen, dass sie mir zustimmten. Diese ständigen Wiederholungen und Übertreibungen bewirkten gar nichts, außer ein paar frustrierte Kinder, die mich kaum noch ertragen konnten. Ich bin dankbar, dass Gott unsere Beziehungen geheilt und wiederhergestellt hat.

Stolze Menschen denken, dass sie andere davon überzeugen müssen, dass sie Recht und die anderen Unrecht haben. Wie uns dieser Vers aus den Sprüchen sagt, gefällt diese Art von Dominanz und Besser-

Ich und meine große Klappe

wisserei Gott nicht, der möchte, dass seine Kinder freundlich und demütig sprechen, nicht hochmütig und stolz.

Stolze Menschen sind normalerweise auch sehr hart, was erklärt, warum sie oft solch strenge Verfechter von Disziplin sind. Sie tun Dinge auf ihre eigene Art, und wenn es jemand nicht genauso macht wie sie, dann reagieren sie streng und manchmal sogar brutal: „So ist es! So wird es gemacht und nicht anders!"

Und so war ich mit meinen Kindern – deshalb sagte mein Mann, der beim Militär gewesen war, dass ich ein guter Feldwebel gewesen wäre. Aber meine Haltung und mein Verhalten gegenüber meiner eigenen Familie führten nicht zu den Ergebnissen, die ich wollte oder erwartete. Sie hatten stattdessen genau die gegenteilige Wirkung.

Stolze Menschen sind letztlich oft auch komplizierte Menschen. Obwohl uns die Bibel zu einem einfachen Leben ruft, denken sie, sie müssten aus allem eine große Sache, aus einer Mücke einen Elefanten machen. Zum Teil geschieht das deshalb, weil sie denken, sie müssten alles genau untersuchen, sie müssten Herr über jede Situation sein und den Grund für alles, was im Leben geschieht, kennen.

All das erklärt, warum stolze Menschen gewöhnlich keine sehr glücklichen Menschen sind. Und unglückliche Menschen machen auch andere Menschen nicht glücklich.

Hier stellt sich uns die Frage: Welche Neigung möchte Gott uns haben lassen, damit wir für uns selbst und für andere ein Segen werden? Hat Er uns ein Beispiel gegeben, nach dem wir uns richten können?

Eine besänftigende Art

Siehe, mein Knecht, den ich erwählt habe, mein Geliebter, an dem meine Seele Wohlgefallen gefunden hat; ich werde meinen Geist auf ihn legen, und er wird den Nationen Recht verkünden. Er wird nicht streiten noch schreien, noch wird jemand seine Stimme auf den Straßen hören; ein geknicktes Rohr wird er nicht zerbrechen, und einen glimmenden Docht wird er nicht auslöschen, bis er das Recht hinausführe zum Sieg; und auf seinen Namen werden die Nationen hoffen.

Matthäus 12, 18–21 (*Elberfelder*)

Eine besänftigende Zunge

Er möchte, dass wir als Gläubige, als Gottes geliebte Kinder, die nach seinem Bild geschaffen wurden, genauso besänftigend sind, wie sein Sohn Jesus es war.

Viele von uns glauben, dass, wenn Jesus in eine Streitsituation anderer geraten würde, er nur ein paar Minuten benötigte, um Frieden in diese Situation zu bringen. Er hatte diese besänftigende Art an sich. Er war mit Freundlichkeit bekleidet. Er war nicht darauf aus, etwas zu beweisen. Er kümmerte sich nicht darum, was Menschen über Ihn dachten. Er wusste bereits, wer Er war, daher brauchte Er sich nicht zu verteidigen. Obwohl sich andere über Ihn aufregten und allen möglichen Streit mit Ihm anfingen, war seine Antwort immer friedlich und liebevoll.

Und diese besänftigende Art möchte Gott für dich und mich. Er will diese Art von Zunge in unserem Mund – eine Zunge, die Ermutigung, Erbauung und Ermunterung überall dahin bringt, wohin wir gehen.

Sind wir so oder sind wir Miesepeter und Nörgler? Sind wir demütig, einfach und umgänglich oder sind wir stolz, kompliziert und hart?

Mein Mann ist einer der wenigen Menschen in meinem Bekanntenkreis, die wirklich eine besänftigende Art haben. Er ist so umgänglich, dass es mich erstaunt. Er will sich vielleicht gerade hinlegen, um ein Nickerchen zu machen, und wenn ich ihn dann bitte, für mich einkaufen zu gehen, steht er auf und sagt: „Klar, ich gehe jetzt gleich." Ich kann dir versichern, wenn ich an seiner Stelle wäre, dann würde ich völlig anders reagieren

Menschen mit einer solch besänftigenden Art sind oft ermutigend. Egal, was um sie herum passiert oder was andere sagen oder tun, sie scheinen immer ein ermutigendes und freundliches Wort für alle zu haben.

Und Gott möchte, dass wir so sind. Dafür hat Er uns unseren Mund gegeben – nicht, damit wir Menschen in Stücke zerreißen oder andere verurteilen oder diejenigen, die nicht unserer Meinung sind, kritisieren und verdammen.

Als Gottes Boten, als sein Sprachrohr, seine Botschafter des Friedens, sollen du und ich nicht hart und schroff, stolz und hochmütig, stur

Ich und meine große Klappe

und unnachgiebig sein. Stattdessen sollen wir besänftigend und freundlich, einfach und demütig, formbar und anpassungsfähig sein. Um das zu tun, um so zu sein, wie Gott uns als seine Vertreter auf dieser Erde haben möchte, werden wir unser altes Wesen ablegen und ein neues Wesen anziehen müssen – das Wesen seines geliebten Sohnes Jesus Christus.

Ein neues Wesen

Legt von euch ab das alte Wesen – macht euch frei von eurem unerneuerten Selbst –, das euren früheren Lebenswandel kennzeichnete und das sich durch trügerische Lust und Begierde zugrunde richtet. Erneuert euch aber ständig in dem Geist eures Sinnes – habt eine neue geistige und geistliche Haltung. Und zieht das neue Wesen an (das wiederhergestellte Selbst), das nach Gottes Bild geschaffen wurde (Gott ähnlich) in wahrer Gerechtigkeit und Heiligkeit.

Epheser 4, 22–24

In der englischen *King James Version* der Bibel beginnt Vers 22 so: „Zieht das aus, was sich auf das frühere Reden des alten Menschen bezieht ..."

Obwohl das griechische Wort *anastrophe* in diesem Abschnitt in moderneren Bibelübersetzungen nicht mehr mit *Reden* wiedergegeben wird, weil die Bedeutung dieses Wortes sich im Englischen seit der Zeit von King James geändert hat – damals bedeutete es 'Benehmen'[2] – glaube ich immer noch, dass es eine bedeutende Verbindung gibt zwischen unserem Reden und unserem Benehmen, was wiederum unser Wesen widerspiegelt und ausdrückt.

Der Herr hat mir offenbart, dass unser Wesen durch unser Reden gesehen wird. Das heißt also, dass durch das, was wir reden, offenbart wird, was für ein Mensch wir sind.

Unser Wesen kommt aus unserem Mund heraus.

Wenn wir eine besänftigende Art haben, werden aufgewühlte Wasser durch unsere Worte besänftigt.

Sagt die Bibel nicht, dass eine sanfte Antwort Zorn wegnimmt? (Spr. 15, 1). Das stimmt – wenn wir gewillt sind, unseren Stolz beiseite zu legen und dem Heiligen Geist zu erlauben, durch uns in jeder Situation so zu wirken, wie Er will.

Wenn wir gewillt sind, uns vor dem Herrn in Sanftmut und Gehorsam zu demütigen, wie Jesus es tat, dann wird dasselbe Wesen, durch das seine Worte und Taten motiviert waren, zu unserem Wesen werden und Besänftigung in unser Leben und in das Leben all derer bringen, mit denen wir in Kontakt kommen. Jesus nannte dies: sein Joch auf uns nehmen.

Das Wesen Jesu

Kommt her zu mir, alle, die ihr arbeitet und mühselig und schwer beladen seid; ich will euch erquicken – ich will eure Seelen erleichtern und erfrischen. Nehmt auf euch mein Joch und lernt von mir; denn ich bin sanftmütig (mild) und von Herzen demütig (bescheiden); so werdet ihr Ruhe – Erleichterung und Erfrischung und Wiederherstellung und gesegnete Stille – finden für eure Seelen. Denn mein Joch ist erbaulich (nützlich, gut) – nicht hart, scharf oder drückend, sondern angenehm, gnädig und lieblich, und meine Last ist leicht.

Matthäus 11, 28–30

Wenn wir das Wesen Jesu haben und verkörpern sollen, dann müssen wir wissen, was dieses Wesen ausmacht.

Jeder von uns hat ein anderes Wesen. Es gibt keine zwei Menschen, die genau gleich sind. Unser Wesen ändert sich auch mit den verschiedenen Erfahrungen und Zyklen unseres Lebens.

Über die Jahre hinweg habe ich den Unterschied zwischen meinem Wesen und dem meines Mannes gesehen. Ich bin ein Typ mit einem kämpferischen Wesen. Menschen mit meiner Art sind schwer zufrieden zu stellen. Nichts passt ihnen jemals. Sie müssen aus allem eine große Sache machen. Solche Menschen sind nicht sehr glücklich.

Am glücklichsten sind diejenigen, die mit allem leicht fertig werden, die umgänglich und leicht zufrieden zu stellen sind, die einfach „mit dem Strom fließen", die flexibel und anpassungsfähig sind. Solche Menschen bringen normalerweise Besänftigung für aufgewühlte Wasser.

Ich und meine große Klappe

Ich muss zugeben, dass mein Mann in den ersten 21 Jahren unserer Ehe, bevor ich mit dem Heiligen Geist erfüllt wurde, viel glücklicher war als ich. Seitdem habe ich ihn schließlich eingeholt, weil ich jetzt mehr von Gottes Wort in mir habe als damals. Aber sogar nachdem ich mit dem Heiligen Geist getauft worden war, gab es in mir keine sofortige Veränderung über Nacht.

Echte Veränderung kommt weder schnell noch leicht.

Hast du schon Folgendes gelernt? Wenn bei dir eine Veränderung stattfinden soll, musst du auch den Willen zu dieser Veränderung haben – dieser Wille muß so stark sein, dass du dich auch darum bemühst!

Viele Menschen würden am liebsten einfach eine Pille schlucken oder nachts ein paar Zauberformeln murmeln und am nächsten Morgen ganz anders, völlig verändert aufwachen. Aber so geht es nicht.

Es gibt keine Heiligen, die über Nacht geboren werden, oder Dienste, die im Handumdrehen entstehen.

Wenn du und ich anders werden wollen, als wir jetzt sind, dann müssen wir manches Leid durchmachen. Wir müssen mit dem Herrn zusammenarbeiten, wenn Er uns Schritt für Schritt mit seinem Willen und Weg in Übereinstimmung bringt und uns allmählich in das Bild seines Sohnes Jesu verwandelt.

In Vers 29 des oben genannten Bibelabschnitts beschreibt Jesus sein Wesen. Er sagt, dass Er sanftmütig, mild, demütig und bescheiden ist. Dann sagt Er weiter, dass wir Ruhe finden werden, wenn wir sein Joch – sein Wesen – auf uns nehmen und von Ihm lernen.

Wenn du und ich beginnen, die Freundlichkeit, die Sanftmut und die Demut zu übernehmen, die das Leben Jesu ausmachte, werden wir seine Ruhe für unsere Seelen finden.

In Vers 30 beschreibt Jesus sein Joch – sein Wesen – als nützlich und gut, als nicht hart, scharf oder drückend, sondern als angenehm, gnädig und lieblich.

Denke daran, wenn du unter Druck stehst: Dieser Druck kommt nicht von Gott. Sein Joch ist nicht hart, scharf oder drückend – weil sein Wesen nicht so ist. Das ist nicht die Art des Herrn, sondern die Art des Teufels und die Art, wie er Leute macht, die sich ihm unterwerfen.

Jesus hat eine besänftigende, friedvolle Art. Deshalb sagt die Bibel: Wenn wir vom Heiligen Geist geführt werden wollen, müssen wir lernen, von Frieden geleitet zu werden (Kol. 3, 15). Wenn du und ich von Frieden geleitet werden, dann können wir sicher sein, dass wir von Gott geleitet werden, weil Er der Friede ist, der in uns ist.

Zu viele Gläubige wandern von einer Konferenz zur nächsten und suchen nach einer „Stimme" oder einem „Wort" von Gott. Durch die Führung des Heiligen Geistes habe ich Worte der Erkenntnis, Worte der Weisheit und Worte der Prophetie auf unseren Konferenzen weitergegeben. Jeder hat das gern.

Aber wenn es darum geht, das fleischliche Wesen zur Seite zu legen und sich vom Heiligen Geist in das Wesen Jesu Christi verändern zu lassen, dann ist das etwas ganz anderes. Hier unterscheiden sich die reifen Christen von Baby-Christen. Hier wird offenbar, wem es wirklich ernst ist mit Gott und wem nicht. Es ist einfach, so zu bleiben, wie wir sind. Es fällt leicht, weiter hart und schroff zu sein und Druck auszuüben. Aber es raubt unseren Frieden und unsere Freude.

Folgendes muss uns klar sein: Wenn wir jemals wirklich glücklich sein wollen, müssen wir wie Jesus sein und sein Wesen annehmen, genauso wie Er sich unser angenommen hat (Hebr. 2, 16).

Ob wir hart und schroff oder nett und besänftigend sind, entscheidet, ob wir echte Anbeter Gottes sind.

Ein heiliges und wohlriechendes Salböl

Und der Herr sprach zu Mose. Nimm die besten Gewürze und Duftöle: 500 Lot flüssige Myrrhe, halb so viel, also 250 Lot, wohlriechenden Zimt, 250 Lot duftenden Kalmus, und Kassia, 500 nach dem Gewicht des Heiligtums, und eine Kanne Olivenöl. Und bereite daraus ein heiliges Salböl, zusammengestellt nach der Kunst des Salbenbereiters. Es soll ein geheiligtes Salböl sein.

2. Mose 30, 22–25

Ich und meine große Klappe

Willst du wirklich gesalbt sein? Willst du vor Salbung des Heiligen Geistes nur so triefen? Willst du voll süßen Dufts des Heiligen Geistes sein?

Gemäß der Bibel steigt von unserem Leben ein geistlicher Duft auf: „Denn wir sind der süße Duft Christi [der hochsteigt] zu Gott, [gleichermaßen wahrnehmbar] unter denen, die gerettet sind, und denen, die verloren gehen" (2. Kor. 2, 15).

Diese Dinge, die wir im Alten Testament sehen, sind also für die praktischen Bereiche des Neuen Testaments sehr bedeutsam.

Die Inhaltsstoffe des Salböls

Und du sollst die Stiftshütte und die Lade mit dem Gesetz damit salben, und den Tisch [für die Schaubrote] mit seinem ganzen Gerät, den Leuchter mit seinem ganzen Gerät, den Räucheraltar, den Brandopferaltar mit seinem ganzen Gerät und das Becken [zur Reinigung] mit seinem Gestell. Du sollst sie weihen (absondern), dass sie hochheilig seien; wer immer und was immer sie anrührt, muss heilig sein (für Gott ausgesondert sein). Und du sollst Aaron und seine Söhne salben und sie weihen (absondern), damit sie mir als Priester dienen.

2. Mose 30, 26–30

Ich besitze zufällig ein Buch von Hannah Hurnard mit dem Titel *Mountains of Spices* [Berge von Gewürzen].[3]

Als ich diesen Abschnitt im 2. Buch Mose las, fragte ich mich, was diese verschiedenen Gewürze darstellten, und ich schlug in diesem Buch nach. Gemäß den Aussagen der Autorin steht Myrrhe für Demut.[4] Da das Rezept für das Salböl 500 Lot Myhrre verlangt, steht das für einen großen Anteil an Demut!

Wie wir gesehen haben, ist Demut einer der Charakterzüge, mit denen sich Jesus Christus selbst beschreibt.

Zimt steht für Güte[5] und Kalmus für Freundlichkeit[6].

Wenn du und ich also die Salbung Gottes auf uns haben möchten, dann müssen wir mit einer Mischung aus Demut, Güte und Freundlichkeit durchtränkt werden.

Eine besänftigende Zunge

Werde erwachsen in Christus und in der Liebe

Nun, was ich meine ist: Solange der Erbe ein Kind und unmündig ist, unterscheidet er sich nicht von einem Sklaven, obwohl er Herr über den gesamten Besitz ist. Sondern er untersteht Vormündern und Verwaltern oder Treuhändern bis zu dem von seinem Vater festgelegten Tag.

Galater 4, 1–2

Wir müssen auch in Christus erwachsen und reif werden, damit wir das volle Erbe, das für die Kinder Gottes bereitet ist, beanspruchen können.

Im vierten Kapitel des Galaterbriefs sagt uns der Apostel Paulus: Wenn einem Unmündigen ein Erbe zufällt, wird dieses Erbe solange von einem Vormund verwaltet, bis der Erbe mündig ist.

Als Erben Gottes und Miterben Jesu (Röm. 8, 17) haben du und ich ein Erbe in Christus. Aber bis wir erwachsen sind und kindische Dinge beiseite legen, wird dieses Erbe für uns vom Heiligen Geist verwaltet.

Wir empfangen Gottes Segnungen erst, wenn wir reif genug sind, damit umzugehen. Eine Art, wie wir zeigen, dass wir reif sind, ist, unseren Mund im Griff zu haben.

Wie wir in Jesaja 58, 6–9 gesehen haben, müssen wir auch das Band der Bösartigkeit lösen, die Bänder des Jochs öffnen, die Unterdrückten freilassen und jedes versklavende Joch zerbrechen. Wir müssen unser Brot mit den Hungrigen teilen und die Obdachlosen in unser Haus bringen. Wir müssen die Nackten kleiden und uns nicht vor unserem Fleisch und Blut verbergen.

Laut diesem Bibelabschnitt will der Herr, dass wir die Art von Reife und Neigung haben wie sein Sohn Jesus, eine Art, die nicht selbstsüchtig und egozentrisch ist, sondern sich um die anderen kümmert.

Dann wird, wie Er gesagt hat, unser Licht wie der Morgen hervorbrechen und unsere Heilung, unsere Wiederherstellung, die Kraft eines neuen Lebens wird schnell hervorkommen. Dann wird unsere Gerechtigkeit, unsere Rechtschaffenheit, unsere rechte Beziehung zum Herrn vor uns hergehen und uns zu Frieden und Wohlstand

Ich und meine große Klappe

führen. Dann wird die Herrlichkeit des Herrn unsere Nachhut sein. Dann werden wir den Herrn anrufen, und Er wird antworten.

Wenn wir aus unserer Mitte das Joch der Unterdrückung und den gegen den Unterdrückten in Verachtung ausgestreckten Finger wegnehmen, wenn wir aufhören, gegeneinander kritisch und verurteilend zu sein, wenn wir jede Form von falscher, harter, ungerechter und böser Rede unterlassen, dann werden die Segnungen des Herrn auf unser Leben kommen.

Dann werden wir wahre Anbeter – ein wohlriechender Duft für den Herrn.

Eine Formel für das Leben im Reich Gottes

Durch sie hat er uns seine teuren und allergrößten Zusagen geschenkt, damit ihr durch sie dem moralischen Verfall (Verderbtheit und Korruption) entflieht, der in der Welt aufgrund der Begierde (Lust und Habgier) herrscht, und damit ihr Teilhaber (Anteilnehmer) werdet an der göttlichen Natur. Deshalb bemüht euch mit aller Sorgfalt [gegenüber den göttlichen Zusagen], bei der Ausübung eures Glaubens, um Tugend (vortreffliche Leistung, Entschlossenheit, christliche Energie) zu entwickeln, und [entwickelt] durch die [Ausübung der] Tugend Erkenntnis (Intelligenz) und durch [das Praktizieren der] Erkenntnis [entwickelt] Selbstbeherrschung und durch [das Praktizieren der] Selbstbeherrschung [entwickelt] Beständigkeit (Geduld, Ausdauer) und durch [das Praktizieren der] Beständigkeit [das Praktizieren der] Gottesfurcht (Frömmigkeit) und durch [das Praktizieren der] Gottesfurcht [entwickelt] brüderliche Liebe und durch [das Praktizieren der] brüderliche Liebe [entwickelt] christliche Liebe. Denn wenn ihr diese Eigenschaften habt und sie immer reichlicher in euch reifen, dann werden sie [euch] davon abhalten, träge oder unfruchtbar in der [völligen persönlichen] Erkenntnis unseres Herrn Jesus Christus, des Messias, des Gesalbten, zu werden.

2. Petrus 1, 4–8

Dieser Abschnitt enthält eine biblische Formel dafür, wie man aus dem Fleisch heraus- und in das göttliche Wesen hineinkommt, um echtes Leben im Reich Gottes zu erfahren.

Eine besänftigende Zunge

Wir beginnen unsere Beziehung mit Gott im Außenhof. Von dort bewegen wir uns in den Innenhof, und dann schließlich in das Allerheiligste.

Wir beginnen unser christliches Leben als neugeborene Kinder. Wir beten im Fleisch. Wir lesen die Bibel im Fleisch. Wir gehen zur Gemeinde im Fleisch. Wir beten im Fleisch an. Und Gott nimmt diese Art der Verehrung an, weil Er uns nimmt, wie wir sind.

Aber später wird Er zu uns sagen: „Es ist an der Zeit, in den Innenhof zu gehen." Ein Teil dieses Wortes kommt aus den Botschaften über Heiligkeit, die uns sagen, dass Gott uns bisher bestimmte Dinge hat durchgehen lassen, aber jetzt nicht mehr.

Und schließlich kommt der Tag, an dem Er zu uns sagt: „Jetzt ist es an der Zeit, in das Allerheiligste zu gehen." Um an diesen Ort zu kommen, muss unser Leben auf dem Altar vor dem Herrn liegen. Wir können uns nicht die kleinen Dinge, an denen wir hängen, vorbehalten. Wir müssen sie alle Gott geben und echte Anbeter im Geist und in der Wahrheit werden (Joh. 4, 23). Das bedeutet, dass wir bereit sein müssen, unser Leben vor Ihm so zu leben, wie Er es wünscht, und Ihm vertrauen müssen, dass Er uns die Gnade dazu gibt (Phil. 2, 13).

In diesem Bibelabschnitt wird uns als allererstes gesagt, dass wir die Zusagen Gottes annehmen und mit Sorgfalt damit umgehen müssen. Viele Menschen bleiben gerade hier am Anfang stehen. Sie kommen nie über die Zusagen Gottes hinaus. Sie gehen umher und zitieren ihr ganzes Leben lang Zusagen. Aber sie bringen von ihrer Seite aus keinerlei Sorgfalt oder auch nur ein bisschen Mühe auf, so dass sie nie die Erfüllung dieser Zusagen sehen.

Wenn du und ich zu echter christlicher Reife wachsen und Gottes Willen und Plan für unser Leben erfüllen wollen, dann müssen wir entschieden sein, den Lauf zu vollenden (2. Tim. 4, 7). Es wird Dinge geben, die uns begegnen, um uns zu entmutigen und zum Aufgeben zu bringen. Also müssen wir entschieden sein, wir müssen sorgfältig sein.

Dann wird uns gesagt, dass zu unserer Sorgfalt Glaube kommen muss, der wiederum Tugend oder Vortrefflichkeit entwickelt.

Ich und meine große Klappe

Es kommt eine Zeit im Leben eines jedes einzelnen, in der der Herr zu uns sagt: „Du kannst nicht länger faul, nachlässig und undiszipliniert sein. Du musst Vortrefflichkeit, Entschlossenheit und christliche Energie entwickeln."

Diese Vortrefflichkeit entwickelt dann Erkenntnis, was wiederum zu Selbstbeherrschung führt. Dies bedeutet, dass wir nicht mehr tun können, was wir gerade wollen, sondern dass wir so entschieden sein müssen, wie Jesus es war, den Willen des Vaters zu tun.

Wenn wir einmal Selbstbeherrschung entwickelt haben, führt sie wiederum zu Beständigkeit, was soviel ist wie Geduld oder Ausdauer. Geduld ist nicht nur die Fähigkeit zu warten, sondern die Fähigkeit, mit einer guten Einstellung zu warten. Während wir warten, bringt unser Leben immer noch diesen süßen Wohlgeruch vor den Herrn.

Zugegeben, es ist leichter, ein gutes Aroma abzugeben, wenn alles nach unserem Willen geht. Es ist viel schwerer, wenn alles gegen uns läuft, wenn die Gebete all derer um uns herum beantwortet werden, während unsere Gebete nicht einmal durch die Zimmerdecke zu gehen scheinen. In solchen Zeiten scheint es vielleicht, dass Gott taub ist und dass Er aus einem Grund, den wir nicht verstehen können, sich weigert, uns zu erhören. Wir gehen alle durch solche Zeiten. Die Prüfung liegt darin, welche Art Aroma wir abgeben, während wir uns darin befinden.

Dann entwickeln unsere Beständigkeit, Geduld und Ausdauer etwas, was Gottesfurcht genannt wird. Das ist der Zeitpunkt, an dem wir erst einmal einem richtigen Schwall von Botschaften über Heiligkeit ausgesetzt werden. Warum? Weil Gott nach und nach an jeder einzelnen dieser christlichen Tugenden arbeitet. Er nimmt uns mit an einen Ort, hinauf zu Sich selbst und macht uns bereit, in seiner heiligen Gegenwart zu stehen. Er bereitet uns dafür vor, von Ihm in der großen Endzeit-Erweckung gebraucht zu werden.

Nach Frömmigkeit kommt brüderliche Liebe, was die *Elberfelder* Bibel „Bruderliebe" nennt. Diese Art von Zuneigung oder Freundlichkeit führt zu echter *christlicher Liebe*, was die Übersetzung für das griechische Wort *agape* ist, und gottgleiche Liebe bedeutet.

Eine besänftigende Zunge

Kleide dich mit Demut

... Kleidet (schürzt) euch allesamt untereinander mit Demut – als dem Kleid eines Dieners, so dass die Kleidung der Demut euch nicht weggenommen werden kann, frei von Stolz und Hochmut. Denn Gott widersteht den Stolzen – den Anmaßenden, den Überheblichen, den Hochmütigen, den Angebern, denen, die sich rühmen, und er widersetzt sich ihnen, hindert und besiegt sie –, aber den Demütigen gibt er Gnade (Gunst, Segen).

1. Petrus 5, 5

Als ich mit dieser Studie über den Mund begann, offenbarte mir der Herr durch diesen Vers, dass ich mich auf der Stufe unmittelbar vor der *agape*-Liebe befand. Und als ich über mein Leben bis zu diesem Zeitpunkt zurückblickte, konnte ich sehen, dass mich der Herr durch jede dieser Stadien christlichen Wachstums gebracht hatte. Jetzt sagte Er mir, dass es für mich an der Zeit war, das zu tun, was Petrus sagte, und ich mich mit der Demut Christi kleiden musste.

Ich glaube, dass Er das zu jedem einzelnen im Leib Christi sagt. Wir sollen den Mantel der Demut, der Freundlichkeit und Güte anziehen. Wir sollen diesen Mantel in die Welt hinaustragen, wo wir wie Jesus handeln sollen, indem wir einen wohlriechender Duft abgeben und ein besänftigendes Wesen haben.

Nachdem ich diese Botschaft vom Herrn empfangen hatte, diente ich auf einer Konferenz. Am Schluss des Gottesdienstes kam ein Mann auf mich zu und sagte: „Ich denke, dass dies nur eine Bestätigung für dich sein wird, aber ich habe ein Wort vom Herrn für dich." Und er zitierte diese Bibelstelle aus 2. Petrus 1, 4–9 und sagte dann: „Der Herr sagt, dass du bei Güte angelangt bist, und danach kommt das Reich Gottes."

Wie ich schon andeutete, bin ich vorsichtig, was persönliche Worte für mich von anderen anbelangt, aber in diesem Fall konnte es gar kein Zufall sein. Es ermutigte mich so sehr, weil ich glaubte, dass es eine Bestätigung dessen war, was Gott mir schon gezeigt hatte.

Ich und meine große Klappe

Sei bereit, dich verändern zu lassen

Und wir alle, wie mit unverschleiertem Gesicht, schauen [im Wort Gottes] weiterhin wie in einem Spiegel die Herrlichkeit des Herrn, und wir werden ständig in sein eigenes Bild verändert in immer größerer Pracht und von einer Herrlichkeit zur nächsten; [denn dies kommt] vom Herrn, dem Geist [der Geist ist].

2. Korinther 3, 18

Die Veränderung, die in jedem von uns stattfinden muss, kommt nicht aus eigener Kraft oder guten Werken. Sie rührt daher, dass wir Gott persönlich und genau kennen.

In diesem letzten Kapitel werde ich dir keine Liste mit Dingen aufzählen, die du tun mußt, um in der Erkenntnis des Herrn zu wachsen. Ich werde dir sagen, was deine Verantwortung ist.

Bekenntnis ist gut. Es bewirkt etwas im Leben des Gläubigen. Aber es verändert nicht den inneren Menschen.

Bestimmte Arten von Gebetsprogrammen sind gut. Sie helfen, geistliche Disziplin zu entwickeln. Aber sie verändern nicht den inneren Menschen.

Bibellesen und Gottesdienstbesuch und viele andere solcher Übungen sind gut. Es sind Dinge, die jeder Gläubige tun sollte. Aber sie verändern nicht den inneren Menschen.

Es gibt nur eines, was den inneren Menschen verändert, und das ist, in der Gegenwart Gottes zu sitzen und Ihm zu erlauben, an unserem Inneren zu arbeiten.

Jetzt arbeitet und kämpft die gesamte Gemeinde Jesu Christi – und versucht, sich zu ändern. Gott hat mir offenbart, dass Er es so gerne hätte, wenn wir Ihn alle einfach beim Wort nehmen und seinem Geist erlauben würden, uns in sein Bild zu verändern.

Wir Charismatiker sind so religiös geworden. Wir haben eigentlich unsere eigene Religion! Wir haben alles in unserem geistlichen Leben geplant und programmiert. Disziplin und Ordnung sind nicht falsch, aber wenn wir planen und programmieren und dabei Gott außen vor lassen, dann haben wir ein großes Problem.

Eine besänftigende Zunge

Das Einzige, was dich und mich wirklich verändern wird, ist, dass wir in die Gegenwart Gottes gehen und darauf warten, dass Er das für uns tut, was wir nicht selbst tun können.

Ich fordere dich nicht heraus, hinauszugehen und zu versuchen, freundlich oder demütig oder nett oder liebevoll zu sein. Wenn das die Botschaft ist, die du aus diesem Buch gelesen hast, dann wirst du letztlich nur frustriert sein.

Diese Botschaft soll keine Verdammung für das sein, was du bist oder was du warst. Sie soll Ermutigung bringen hinsichtlich dessen, was du sein kannst – wenn du bereit bist, dich dem Geist des lebendigen Gottes zu unterstellen.

Der Herr sucht nach Menschen, die bereit sind, sich von dem, was sie sind, verändern zu lassen in das, was nur Er aus ihnen machen kann. Der erste Schritt in diesem Prozess bedingt normalerweise eine andere Art zu sprechen. Das galt für Abram und Sarai, die lernen mussten, sich mit anderen Namen anzureden. Es galt für Mose, der sich damit entschuldigte, dass er wegen der Probleme mit seinem Mund nicht ordentlich sprechen konnte. Es galt für Jesaja, der sagte, dass er ein Mann mit unreinen Lippen war, der unter einem Volk mit unreinen Lippen wohnte. Es galt für Jeremia, der behauptete, er sei zu jung, um für den Herrn sprechen zu können.

Es gilt auch für dich und mich. Wenn wir bereit sind, uns verändern zu lassen, wird der Herr die Veränderung und Umwandlung in uns bewirken auf seine Art und zu seiner Zeit, einfach, wenn wir in unserem Inneren Menschen mit Ihm Gemeinschaft haben.

Den Herrn erfahren

Abschließend möchte ich dir dieses Zitat aus einem Buch mit dem Titel *Experiencing the Depths of Jesus Christ* [Die Tiefe Jesu Christi erfahren] mitteilen:

> *Und dort in deinem Geist wohnt Gott. Oh, wenn du gelernt hast, wie du dort mit Ihm wohnen kannst. Seine göttliche Gegenwart zerschlägt die Härte deiner Seele. Und wenn die Härte deiner Seele schmilzt, strömen kostbare Düfte aus deiner Seele.*[7]

Ich und meine große Klappe

Denke einen Augenblick darüber nach. Gott wohnt in deinem Geist. Aber du musst lernen, wie du dort mit Ihm wohnst.

Früchte werden nicht erbracht durch Gottesdienstbesuch oder Gebetsnächte oder Bibellesen oder positives Bekennen, so gut das alles ist. Sie werden dann erbracht, wenn du im Herrn bleibst und zulässt, dass Er in dir bleibt. Es ist seine göttliche Gegenwart, die die Härte unserer Seele auflöst, damit diese wohlriechenden Düfte aus dir strömen.

Willst du Veränderung? Willst du nicht länger hart, schroff, scharf und niederdrückend sein? Willst du demütig, freundlich und nett werden? Willst du wie Jesus sein? Dann lerne, mit Ihm Gemeinschaft zu haben, damit Er in dir eine besänftigende Zunge und einen besänftigenden Geist entwickeln kann.

Schlusswort

Sondern vermeide jegliches leere (vergebliche, nutzlose, unnötige) Gerede, denn es wird Menschen zu immer mehr Gottlosigkeit führen.
2. Timotheus 2, 16

In diesem Buch habe ich versucht zu unterstreichen, wie viel Segen – und wie viel Zerstörung – wir mit den Worten unseres Mundes verursachen können.

Denke daran, Worte enthalten Macht.

Deshalb gibt es so viele Abschnitte in Gottes Wort über den falschen und den richtigen Gebrauch des Mundes (siehe nachfolgende Liste von Bibelstellen).

Um die vielen Bibelstellen zu diesem Thema zu veranschaulichen, habe ich von mehreren persönlichen Erfahrungen berichtet, die die Lektionen herausstellen, die ich in meinem eigenen Leben und Dienst gelernt habe. Ich habe auch Beispiele von einigen der persönlichen positiven Bekenntnisse genannt, die ich gebrauche, um das Wort Gottes auf die vielen Situationen des Lebens anzuwenden, auf die wir alle in unserem Leben als Christ treffen.

Es ist mein aufrichtiges Gebet, dass sie dir eine Hilfe sind in deinem eigenen Bemühen, Kontrolle über deine Worte zu gewinnen und dadurch dein Leben und deine Umstände zu verändern – zu deinem eigenen Nutzen und zum Nutzen all derer, mit denen du Kontakt hast.

Meide jegliches leere, vergebliche, nutzlose, unnötige Gerede. Und lerne stattdessen zu sprechen, wie Gott spricht. Es ist das Wort Gottes, in Wahrheit und Liebe von deinen Lippen gesprochen, das zu Ihm zurückkehren wird, wenn es seinen Willen und Zweck erfüllt hat.

Aber um dieses Wort in Wahrheit und Liebe auszusprechen, muss dein Herz vor dem Herrn recht sein, denn der Mund spricht aus dem Überfluss des Herzens – im Guten wie im Bösen.

Ich und meine große Klappe

Du bist durch deine Worte gebunden, durch das, was du aussprichst. Du wirst auch durch sie beurteilt.

Watchman Nee sagte einmal: „Wenn du jemandem zuhörst, kannst du durch seine Worte feststellen, welcher Geist aus ihm kommt."

Deshalb ist es so wichtig, einen Wächter an unsere Lippen zu stellen, damit das, was über sie herauskommt, nicht nur wahr ist, sondern auch freundlich und positiv und erbauend und mit dem Willen Gottes übereinstimmt.

Du kannst dein Handeln und dein Verhalten ändern, aber dazu musst du erst deine Gedanken und deine Worte verändern. Und um das zu tun, brauchst du die Hilfe des in uns wohnenden Geistes Gottes.

Deine Einstellung bestimmt dein Handeln.

Wenn du aufrichtig willst, dass dein Leben ganz anders wird, dann unterstelle dich dem Herrn und bitte Ihn in Demut, dich in das Bild und das Wesen seines Sohnes Jesus Christus zu verändern.

Er tut das für mich, und wenn Er es für mich tun kann, kann – und wird – Er es auch für dich tun.

Gott segne dich.

Bibelstellen zum Thema „Mund"

Denn wir alle straucheln oft, fallen und verfehlen auf vielen Gebieten. Und wenn jemand das Wort nicht verfehlt – nie das Falsche sagt –, dann hat er einen vollkommenen Charakter und ist ein perfekter Mensch und ist auch fähig seinen ganzen Leib und sein ganzes Wesen im Griff zu haben. Wenn wir den Pferden eine Trense ins Maul legen, damit sie uns gehorchen, können wir damit ihren ganzen Körper lenken. Siehe auch die Schiffe: Obwohl sie so groß sind und von starken Winden getrieben werden, werden sie von einem kleinen Ruder dorthin gelenkt, wohin der Steuermann es bestimmt. So ist auch die Zunge ein kleines Glied, und sie kann sich großer Dinge rühmen. Siehe, wie viel Holz oder welch einen großen Wald ein kleiner Funken anzünden kann! Und die Zunge ist ein Feuer. [Die Zunge ist eine] Welt voller Bösartigkeit zwischen unseren anderen Gliedern, die den ganzen Körper verseucht und verdirbt und das Geburtenrad anzündet – den Kreislauf der menschlichen Natur – und wird dabei selbst von der Hölle (Gehenna) entzündet. Denn jede Art von Vieh und Vögeln, von Reptilien und Meerestieren kann und ist von der geistigen menschlichen Kraft (von der menschlichen Art) gezähmt worden. Aber die menschliche Zunge kann von keinem Menschen gezähmt werden. Sie ist ein unruhiges (ungezügeltes, unversöhnliches) Übel und voll tödlichen Giftes. Mit ihr preisen wir den Herrn und Vater, und mit ihr fluchen wir den Menschen, die nach dem Ebenbild Gottes geschaffen worden sind! Aus demselben Mund kommen Segen und Fluch. Dies, meine Brüder, soll nicht so sein. Lässt denn eine Quelle [gleichzeitig] aus derselben Öffnung frisches und bitteres Wasser fließen? Kann, meine Brüder, ein Feigenbaum Oliven hervorbringen oder ein Weinstock Feigen? Genauso wenig kann Salziges nicht süßes Wasser hervorbringen.

Jakobus 3, 2–12

Ich und meine große Klappe

Wenn jemand meint, er sei Gott wohlgefällig – befolgt fromm die äußeren Gebote seines Glaubens – und hält seine Zunge nicht im Zaum, sondern betrügt sein eigenes Herz, dann ist sein Gottesdienst wertlos (umsonst, fruchtlos).

Jakobus 1, 26

So auch ihr, erachtet euch der Sünde gegenüber als gestorben und die Beziehung zu ihr als zerbrochen, Gott gegenüber aber als lebendig [in einer ungebrochenen Gemeinschaft mit ihm lebend] in Christus Jesus! So lasst nun nicht die Sünde in eurem sterblichen [kurzlebigen, vergänglichen] Leib herrschen, dass ihr seinen Begierden gehorcht und abhängig seid von seinen Lüsten und schlechten Leidenschaften. Gebt nicht weiterhin die Glieder eures Leibes [und Fähigkeiten] der Sünde hin als Instrumente [Werkzeuge] der Ungerechtigkeit und ordnet sie der Sünde auch nicht mehr unter. Sondern stellt euch selbst Gott zur Verfügung und ordnet euch ihm unter als solche, die aus den Toten ins [immer währende] Leben auferweckt wurden, und die Glieder eures Leibes [und Fähigkeiten] gebt Gott als Werkzeuge der Gerechtigkeit.

Römer 6, 11–13

Wie geschrieben steht: „Ich habe dich zum Vater vieler Nationen gesetzt" – Er wurde zu unserem Vater bestimmt – vor dem Gott, dem er glaubte, der die Toten lebendig macht und von den Dingen, die nicht existieren [die er vorhergesagt und versprochen hat], so spricht, als würden sie [schon] bestehen.

Römer 4, 17

Durch des Herrn Wort sind die Himmel gemacht und all ihr Heer durch den Hauch seines Mundes.

Psalm 33, 6 (*Elberfelder*)

Und Gott sprach: Es werde Licht! Und es wurde Licht.

1. Mose 1, 3 (*Elberfelder*)

Von der Frucht des Mundes eines Mannes wird sein moralisches Selbst gefüllt, und mit den Konsequenzen seiner Worte wird er gesättigt [ob negativ oder positiv]. Tod und Leben stehen in der Macht der Zunge, und die, die sie gewähren lassen, werden die Frucht davon [von Tod oder Leben] essen.

Sprüche 18, 20–21

Bibelstellen zum Thema „Mund"

Nicht was in den Mund hineingeht, verunreinigt und entweiht den Menschen, sondern was aus dem Mund herausgeht, das verunreinigt den Menschen und entweiht [ihn].

Matthäus 5, 11

Seht und versteht ihr denn nicht, dass alles, was in den Mund hineingeht, in den Unterleib geht und dann weiter an den Ort, an dem sich der Aussonderung entledigt wird? Was aber aus dem Mund herausgeht, kommt aus dem Herzen hervor, und das verunreinigt den Menschen und entweiht [ihn]. Denn aus dem Herzen kommen hervor böse Gedanken (Argumente und Streit und Absichten) wie Mord, Ehebruch, Unzucht, Diebstahl, falsche Zeugnisse, Lästerungen. Diese Dinge sind es, die den Menschen verunreinigen und entweihen, aber mit ungewaschenen Händen zu essen, verunreinigt und entweiht den Menschen nicht.

Matthäus 15, 17–20

Lasst eure Rede allezeit freundlich (angenehm und gewinnend) sein, [so als wäre sie] mit Salz gewürzt, damit ihr [nie in Verlegenheit kommt und immer] wisst, wie ihr jemandem antworten sollt [der euch eine Frage stellt].

Kolosser 4, 6

Der deinen Mund [deine Bedürfnisse und Wünsche gemäß deinem persönlichen Alter] mit Gutem zufrieden stellt, damit deine Jugend, erneuert, der eines Adlers [stark, überwindend, aufsteigen] entspricht!

Psalm 103, 5

Friede, Friede dem, der fern ist [sowohl dem Juden als auch dem Heiden] und dem, der nahe ist! spricht der Herr. Ich schaffe die Frucht seiner Lippen und ich werde ihn heilen – seine Lippen erneut [mit dankbarem Lobpreis] erblühen lassen].

Jesaja 57, 19

Der Böse ist [auf gefährliche Weise] durch die Vergehen seiner Lippen gefangen, aber der [kompromisslose] Gerechte entkommt den Problemen. Von der Frucht seiner Worte wird man sich satt essen an Gutem, und das Tun der Hände eines Menschen wird zu ihm zurückkehren.

Sprüche 12, 13–14

Ich und meine große Klappe

Entweder macht den Baum einwandfrei (gesund und gut), und seine Frucht einwandfrei (gesund und gut), oder macht den Baum faul (krank und schlecht), dann ist seine Frucht faul (krank und schlecht); denn an der Frucht wird der Baum erkannt und beurteilt und durch sie ist er bekannt. Ihr Zöglinge von Ottern! Wie könnt ihr Gutes reden, da ihr böse – schlecht – seid? Denn aus der Fülle – dem Überfluss, dem überreichen Vorhandensein – des Herzens spricht der Mund.

Matthäus 12, 33–34

Laß ab, mein Sohn, die Unterweisung zu hören, wenn du von den vernünftigen Lehren doch abweichen willst!

Sprüche 19, 27 (*Schlachter*)

Aber ich sage euch, am Tage des Gerichts müssen die Menschen Rechenschaft ablegen für jedes leere (unwirksame, nutzlose) Wort, das sie gesprochen haben.

Matthäus 12, 36

Wer seine Augen verschließt, um sich verkehrte Dinge auszudenken, und wer seine Lippen [wie zur Verheimlichung] zusammenkneift, sorgt dafür, dass Böses geschieht.

Sprüche 16, 30

Ein guter Mensch isst Gutes von der Frucht seines Mundes, aber die Begierde der Treulosen ist nach Gewalttat. Wer seinen Mund bewart, behält sein Leben; wer aber seine Lippen aufreißt, wird Untergang erleben.

Sprüche 13, 2–3

Wer seinen Mund und seine Zunge bewahrt, bewahrt vor Nöten seine Seele.

Sprüche 21, 23 (*Elberfelder*)

Denn das Wort, das Gott spricht, ist lebendig und voller Kraft – die es aktiv, wirksam, voller Energie und effektiv macht; es ist schärfer als jedes zweischneidige Schwert, es durchdringt bis zur Trennlinie zwischen dem Atem des Lebens (Seele) und dem [unsterblichen] Geist, sowohl der Gelenke als auch des Markes [des innersten Bereichs unseres Wesens], indem es die wahren Gedanken und Vorhaben unsres Herzens ans Licht bringt und sie sichtet, sie analysiert und richtet.

Hebräer 4, 12

Bibelstellen zum Thema „Mund"

Da ist ein Schwätzer, dessen Worte sind Schwertstiche; aber die Zunge der Weisen ist Heilung.
Sprüche 12, 18 (*Elberfelder*)

Ein Mann hat Freude an der treffenden Antwort seines Mundes, und ein Wort zu seiner Zeit, wie gut!
Sprüche 15, 23 (*Elberfelder*)

Lasst kein faules oder schmutziges Gerede, kein böses Wort noch verdorbenes oder nutzloses Reden [jemals] aus eurem Mund kommen, sondern nur solche [Rede], die gut und nützlich ist für das geistliche Weiterkommen anderer, was für ihre Bedürfnisse und in ihre Situation passt, damit es denen, die es hören, ein Segen ist und Gnade (Gottes Gunst) bringt. Und betrübt nicht Gottes Heiligen Geist (verärgert ihn nicht, greift ihn nicht an und macht ihn nicht traurig) durch welchen ihr versiegelt (gekennzeichnet, gebrandmarkt als Gottes Eigentum, sicher) seid für den Tag der Erlösung – der endgültigen Befreiung durch Christus vom Bösen und von den Folgen der Sünde. Alle Bitterkeit und Entrüstung und Zorn (Wut, Rage, schlechte Laune) und Groll (Grimm, Feindseligkeit) und Streit (Rauferei, Geschrei, Zank) und Verleumdung (üble Nachrede, beleidigende oder lästerliche Sprache) sei ferne von euch, und auch alle Bosheit (Gehässigkeit, Böswilligkeit oder jegliche Niederträchtigkeit). Und werdet brauchbar und hilfreich und freundlich zueinander, gutherzig (barmherzig, verständnisvoll, liebevoll), einander vergebend [bereitwillig und großzügig], wie Gott durch Christus euch vergeben hat.
Epheser 4, 29–32

Herr, wer darf [vorübergehend] in deinem Zelt wohnen? Wer darf [dauerhaft] auf deinem heiligen Berg wohnen? Der rechtschaffen und untadelig wandelt und lebt, Gerechtigkeit und Recht übt und Wahrheit in seinem Herzen redet und denkt. Der nicht verleumdet mit seiner Zunge, kein Übel tut seinem Freund und keinen Vorwurf gegen seinen Nächsten annimmt.
Psalm 15, 1–3

Da sprach ich: Wehe mir, denn ich bin vergangen und verloren! Denn ein Mann mit unreinen Lippen bin ich und mitten in einem Volk mit unreinen Lippen wohne ich. Denn

Ich und meine große Klappe

meine Augen haben den König, den Herrn der Heerscharen, gesehen! Da flog einer der Serafim [himmlische Wesen] zu mir; und in seiner Hand war eine glühende Kohle, die er mit einer Zange vom Altar genommen hatte. Und er berührte damit meinen Mund und sprach: Siehe, dies hat deine Lippen berührt; deine Schuld ist weggenommen und deine Sünde ganz gesühnt und vergeben.

Jesaja 6, 5–7

Bestelle, Herr, eine Wache für meinen Mund! Wache über die Tür meiner Lippen.

Psalm 141, 3 (*Elberfelder*)

Laß die Reden meines Mundes und das Sinnen meines Herzens wohlgefällig vor dir sein, Herr, mein Fels und mein Erlöser!

Psalm 19, 15 (*Elberfelder*)

Mein Sohn, achte auf meine Worte, meinen Reden neige dein Ohr und beuge dich ihnen! Lass sie nicht aus deiner Sicht weichen, bewahre sie im Innersten deines Herzens. Denn Leben sind sie denen, die sie finden, Heilung und Gesundheit für ihr ganzes Fleisch. Behüte dein Herz mit aller Wachsamkeit und mehr als alles andere, was du bewahrst, denn in ihm entspringt die Quelle des Lebens. Lege ab von dir falsche und unwahre Rede und eigensinnige und widerspenstige Rede entferne weit von dir!

Sprüche 4, 20–24

Lasst keine Unflätigkeit (Obszönität, Unanständigkeit) oder närrisches und sündhaftes (dummes und verdorbenes) Reden noch Fluchen unter euch sein, was euch nicht ansteht oder zu euch passt; sondern drückt mit eurer Stimme eure Dankbarkeit [Gott gegenüber] aus.

Epheser 5, 4

Eine sanfte Antwort wendet Grimm ab, aber ein kränkendes Wort erregt Zorn. Die Zunge der Weisen drückt Erkenntnis richtig aus, aber der Mund der [selbstsicheren] Toren schüttet Narrheit aus. Die Augen des Herrn sind an jedem Ort und beabachten das Böse und das Gute. Eine freundliche Zunge [mit ihrer heilenden Kraft] ist ein Baum des Lebens, aber halsstarrige Widerspenstigkeit in ihr zerbricht den Geist.

Sprüche 15, 1–4

Bibelstellen zum Thema „Mund"

Kummer im Herzen des Mannes drückt es nieder, aber ein gutes Wort erfreut es.
Sprüche 12, 25 (Elberfelder)

Verkündige und predige das Wort! Behalte deinen Sinn für Dringlichkeit (halte dich bereit, steh zur Verfügung und sei vorbereitet, egal, ob die Gelegenheit günstig oder ungünstig erscheint. Ob es bequem oder unbequem, willkommen oder nicht willkommen ist, du als Prediger des Wortes sollst den Menschen auf diese Art und Weise zeigen, inwiefern ihr Leben falsch ist) und überzeuge, ermahne, korrigiere, warne und dränge und ermutige sie, wobei du in Geduld und Lehre unermüdlich und unerschütterlich bist.
2. Timotheus 4, 2

Und er sagte ihnen: Geht hin in die ganze Welt und predigt und veröffentlicht die gute Nachricht (das Evangelium) freiheraus aller Kreatur (der gesamten menschlichen Rasse).
Markus 16, 15

Bei vielen Worten ist Vergehen nicht selten, wer aber seine Lippen zügelt, handelt vorausschauend.
Sprüche 10, 19

Er wurde misshandelt, Er wurde gepeinigt, [trotzdem] war er willig und öffnete seinen Mund nicht; wie ein Lamm, das zum Schlachten geführt wird, und wie ein Schaf vor seinen Scherern stumm ist, so öffnete er seinen Mund nicht.
Jesaja 53, 7

Hört, denn ich spreche herausragende und edle Dinge; und ich öffne meine Lippen für Richtiges. Denn mein Mund soll Wahrheit reden und meine Lippen hassen und verachten, was falsch ist. Alle Worte aus meinem Mund sind gerecht – aufrichtig und von rechtem Ansehen vor Gott; es ist nichts Falsches oder Betrügerisches darin.
Sprüche 8, 6–8

Denn ich [selbst] werde euch einen Mund und so eine Ausdrucksweise und Weisheit geben, dass alle eure Widersacher vereint unfähig sind, zu widerstehen oder zu widerlegen.
Lukas 21,15

Ich und meine große Klappe

Wer Erkenntnis besitzt, zügelt seine Worte; und ein verständiger Mann hat einen kühlen Geist. Auch ein Narr, wenn er schweigt, wird als weise gelten, wenn er seine Lippen verschließt, als verständiger.

Sprüche 17, 27–28

Diese ... hasst der Herr ... einen falschen Zeugen, der [selbst unter Eid] Lügen ausatmet, und wer Zank aussät unter seinen Brüdern.

Sprüche 6, 16 und 19

Mit seinem Mund zerstört der Gottlose seinen Nächsten, aber durch Erkenntnis und eine ausgezeichnete Unterscheidungsgabe werden die Gerechten befreit. Beim Wohl der [kompromisslosen] Gerechten frohlockt die Stadt, und beim Untergang der Gottlosen gibt es Freudenschreie. Wegen des Segens durch den Einfluss der Aufrichtigen und durch Gottes Gunst [aufgrund von ihnen] wird eine Stadt erhöht, aber durch den Mund der Bösen wird sie niedergerissen. Wer seinen Nächsten heruntermacht und verachtet, dem mangelt es an Verstand, aber ein verständiger Mann bleibt still. Wer als Verleumder umhergeht, gibt Geheimnisse preis; wer aber zuverlässigen und treuen Geistes ist, hält die Sache verborgen.

Sprüche 11, 9–13

Der Mund des [kompromisslosen] Gerechten spricht Weisheit aus, und seine Zunge redet Recht.

Psalm 37, 30

Legt jetzt aber auch ihr alles ab und entledigt euch selbst [ganz und gar] von all diesen Sachen: Zorn, Wut, negative Gefühle anderen gegenüber, Fluchen und Lästerung und vulgäre Beschimpfungen und schändliches Reden von euren Lippen. Belügt einander nicht, da ihr das alte (sündige) Ich mit seinen bösen Handlungen ausgezogen und das Neue [geistliche Ich] angezogen habt, das (in einem ständigen Prozess) erneuert und umgeformt wird durch (immer vollständigere und perfektere Erkenntnis über) Erkenntnis nach dem Bildnis (der Ähnlichkeit) dessen, der es erschaffen hat!

Kolosser 3, 8–10

Gott ist kein Mensch, dass er eine Lüge aussprechen oder darstellen würde, noch der Sohn eines Menschen, dass er

Bibelstellen zum Thema „Mund"

Reue oder Schuldgefühle [für das, was er versprochen hat] empfinden würde. Hat er es gesagt und sollte er es nicht tun? Oder hat er geredet und sollte er es nicht gut machen?

4. Mose 23, 19

Wenn aber er, der Geist der Wahrheit (der wahrheitsgebende Geist) kommt, wird er euch in alle Wahrheit leiten – die ganze, volle Wahrheit. Denn er wird nicht seine eigene Botschaft reden – in seiner eigenen Autorität –, sondern was er auch hören wird [vom Vater; er wird die Botschaft reden, die ihm gegeben worden ist], wird er reden, und das Kommende – was in der Zukunft geschehen wird – wird er euch verkündigen und bekanntgeben.

Johannes 16, 13

Ihr seid von eurem Vater, dem Teufel; und es ist euer Wille, die Begierden auszuüben und die Verlangen zu befriedigen, [die charakteristisch für] die von eurem Vater sind. Er war ein Mörder von Anfang an und steht nicht in der Wahrheit, weil keine Wahrheit in ihm ist. Wenn er die Unwahrheit redet, so redet er, was normal für ihn ist; denn er ist [selbst] ein Lügner und der Vater der Lüge und von allem, was falsch ist.

Johannes 8, 44

Doch für die Feigen und Schändlichen und Verächtlichen und für diejenigen, denen es dauernd an Mut fehlt und die sich aus Feigheit unterordnen; für die Ungläubigen und die Glaubenslosen, für diejenigen, die sich mit Abscheulichem beschmutzt und verdorben haben; für die Mörder und die Lüsternen und die Ehebrecher und die, die magische Künste praktizieren, für die Götzendiener [diejenigen, die irgendjemand oder irgendetwas außer Gott die höchste Hingabe geben] und alle Lügner [diejenigen, die bewusst Unwahrheit in Wort und Tat übermitteln, sie alle] werden ihren Teil in dem See haben, der mit Feuer und Schwefel lodert. Das ist der zweite Tod.

Offenbarung 21, 8

Daher, indem ihr alle Falschheit ablehnt und sie hinter euch lasst, spreche jeder seinem Nächsten gegenüber die Wahrheit aus, denn wir sind alle Teil eines Leibes und voneinander

Ich und meine große Klappe

Glieder ... Gebt keinen [solchen] Raum und keine [solche] Position dem Teufel – gebt ihm keine Gelegenheit.
Epheser 4, 25 und 27

Lasst unser Leben vielmehr in allen Dingen liebevoll die Wahrheit zum Ausdruck bringen – in allen Dingen wahrhaftig reden, wahrhaftig handeln und wahrhaftig leben. In Liebe eingehüllt, lasst uns auf jede Art und in allen Dingen in ihm wachsen, der das Haupt ist, [ja sogar] Christus, der Messias, der Gesalbte.
Epheser 4, 15

Lippen, die lügen, sind für den Herrn extrem empörend und abscheulich, aber diejenigen, die Treue üben, sind seine Freude.
Sprüche 12, 22

Ein Mann, der seinem Nächsten schmeichelt, breitet ein Fangnetz vor seinen eigenen Füßen aus.
Sprüche 29, 5

Du sollst kein falsches Zeugnis gegen deinen Nächsten ablegen.
2. Mose 20, 16

Dies sind die Dinge, die ihr tun sollt: Jeder rede nur die Wahrheit mit seinem Nächsten; gebt die Wahrheit weiter, und sprecht den Rechtsspruch oder das Urteil, das den Frieden schafft in [dem Gericht in] euren Toren.
Sacharja 8, 16

Wer die Wahrheit atmet, bringt Gerechtigkeit hervor – aufrechten und rechten Stand mit Gott; ein falscher Zeuge hingegen spricht Betrug. Da sind solche, die voreilig sprechen, deren Worte sind wie Schwertstiche; aber die Zunge der Weisen bringt Heilung. Wahrhaftige Lippen bestehen für immer, aber eine lügnerische Zunge ist nur einen Augenblick lang [anerkannt].
Sprüche 12, 17–19

Wenn ich in den Sprachen der Menschen und [sogar] der Engel rede [-n kann], aber keine Liebe habe [diese gedankliche, vorsätzliche, geistliche Hingabe, wie sie durch Gottes Liebe in und für uns inspiriert ist], so bin ich nur ein lauter Gong oder eine schallende Zimbel. Und wenn ich prophetische

Bibelstellen zum Thema „Mund"

Macht habe – die Gabe, den göttlichen Willen und die göttliche Absicht auszulegen; und alle geheimen Wahrheiten und Rätsel verstehe und alle Erkenntnis besitze, und wenn ich (ausreichend) Glauben habe, so dass ich Berge versetzen kann, aber keine Liebe habe [Gottes Liebe in mir], so bin ich nichts – ein nutzloser Niemand. Und wenn ich alles, was ich habe, [den Armen] austeile [durch das zur Verfügungstellen von] Lebensmitteln und wenn ich meinen Leib hingebe, um verbrannt zu werden [oder damit ich Ruhm gewinne], aber keine Liebe habe [Gottes Liebe in mir], gewinne ich nichts.

1. Korinther 13, 1–3

Freut euch und jubelt übermäßig, denn groß (stark und intensiv) ist eure Belohnung im Himmel; denn auf die gleiche Art haben sie die Propheten verfolgt, die vor euch waren.

Matthäus 5, 12

Letztendlich sollt [ihr] alle ein und dieselbe Gesinnung haben (vereint im Geist), verständnisvoll [im Umgang miteinander], [einander] liebend wie Brüder (aus einem Haushalt), barmherzig und höflich – gutherzig und demütig eingestellt. Vergeltet niemals Böses mit Bösem oder Beleidigung mit Beleidigung – Beschimpfungen, spitze Worte, Zank; sondern im Gegenteil segnet – betet für ihr Wohlergehen, Glück und Schutz, bemitleidet und liebt sie wirklich. Wisst, dass ihr dazu berufen worden seid, dass ihr selbst einen Segen [von Gott] erbt – sa dass ihr einen Segen als Erbe erwerbt, der Wohlergehen, Glück und Schutz bringt. Denn wer das Leben lieben und gute Tage (ob offensichtlich oder nicht) sehen will, der halte seine Zunge frei von Bösem und seine Lippen von Arglist (Verrat, Täuschung).

1. Petrus 3, 8–10

Die mich umringen, erheben ihr Haupt. Möge das Unheil ihrer eigenen Lippen und genau das, was sie sich für mich wünschen, über sie kommen.

Psalm 140, 10

Und sie werden dazu gebracht zu Straucheln, ihre eigene Zunge ist gegen sie; alle, die auf sie sehen, werden den Kopf schütteln und wegrennen.

Psalm 64, 9

Ich und meine große Klappe

Doch keine Waffe, die gegen dich geschmiedet ist, wird Erfolg haben; und jede Zunge, die vor Gericht gegen dich aufsteht, wirst du als falsch aufzeigen. Dies [Friede, Gerechtigkeit, Sicherheit, Sieg über Widerstände] ist der Erbteil der Knechte des Herrn [solchen, in denen der vollkommene Knecht des Herrn wiederhergestellt ist]. Dies ist die Gerechtigkeit oder Rechtfertigung, die sie von mir bekommen – dies ist das, was ich ihnen als Rechtfertigung zuteil werden lasse – spricht der Herr.

Jesaja 54, 17

Wegen des Segens durch den Einfluss der Aufrichtigen und durch Gottes Gunst [aufgrund von ihnen] wird eine Stadt erhöht, aber durch den Mund der Bösen wird sie niedergerissen.

Sprüche 11, 11

Dankt [Gott] für alles – egal, wie die Umstände auch sein mögen; seid dankbar und sagt Dank, denn dies ist der Wille Gottes für euch [die ihr] in Christus [seid, dem Offenbarer und Vermittler dieses Willens].

1.Thessalonicher 5, 18

Deshalb lasst uns durch ihn beständig *und* allezeit *das Opfer des Lobpreises darbringen, das die Frucht der Lippen ist, die seinen Namen dankbar bekennen und preisen und ehren.*

Hebräer 13, 15

Den Herrn will ich preisen allezeit; sein Lob soll beständig in meinem Mund sein.

Psalm 34, 2

[Führe solche Menschen] zu der Lehre und dem Zeugnis! Wenn ihre Lehren mit diesem Wort nicht übereinstimmen, dann ist es sicherlich deswegen, weil es keine Morgenröte und keinen Morgen für sie gibt.

Jesaja 8, 20

Wahrlich, ich sage euch: Wer zu diesem Berg sagt: Erhebe dich und wirf dich ins Meer! und in seinem Herzen nicht zweifelt, sondern glaubt, dass das, was er sagt, geschehen wird, dem wird es geschehen.

Markus 11, 23

Bibelstellen zum Thema „Mund"

Dann wurde Jesus vom (Heiligen) Geist in die Wüste geführt (geleitet), um von dem Teufel versucht – das heißt, getestet und erprobt – zu werden. Und er ging vierzig Tage und vierzig Nächte ohne Essen, schließlich hungerte ihn. Und der Versucher kam und sagte zu ihm: Wenn du Gottes Sohn bist, befiehl, dass diese Steine (Laibe aus) Brot werden. Er aber entgegnete: Es steht geschrieben: Der Mensch soll nicht von Brot allein leben und gestärkt und aufrechterhalten werden, sondern von jedem Wort, das durch den Mund Gottes ausgeht. Darauf nahm ihn der Teufel in die heilige Stadt und stellte ihn auf den Eckturm (Spitze, Giebel) des Tempelraums und er sagte zu ihm: Wenn du der Sohn Gottes bist, so stürze dich hinunter, denn es steht geschrieben: Er wird seinen Engeln über dir befehlen, und sie werden dich auf ihren Händen tragen, damit du nicht etwa deinen Fuß gegen einen Stein stößt. Da sagte Jesus ihm: Andererseits steht aber auch geschrieben: Du sollst den Herrn, deinen Gott, nicht versuchen, von Grund auf testen oder über das Maß erproben. Wiederum nimmt der Teufel ihn mit auf einen sehr hohen Berg und zeigt ihm alle Königreiche der Welt und ihre Herrlichkeit – den Glanz, die Größe, Bedeutung und Vorzüglichkeit. Und er sprach zu ihm: Dies alles zusammen will ich dir geben, wenn du dich vor mir niederwirfst und mir Ehrerbietung erweist und mich anbetest. Da spricht Jesus zu ihm: Geh hinweg, Satan! Denn es steht geschrieben: Du sollst den Herrn, deinen Gott, anbeten und ihm allein dienen. Dann verließ ihn der Teufel, und siehe, Engel kamen herbei und dienten ihm.

Matthäus 4, 1–11

Seid deshalb Nachahmer Gottes – ahmt ihn nach und folgt seinem Beispiel – so wie geliebte Kinder [ihren Vater nachahmen].

Epheser 5, 1

Schmiedet eure Pflugscharen zu Schwertern und eure Winzermesser zu Lanzen. Der Schwache sage: Ich bin stark – ein Krieger!

Joel 4, 10

Dann sprach der Herr zu mir: Du hast recht gesehen, denn ich bin aufmerksam und aktiv, wache über meinem Wort, um es zustande zu bringen.

Jeremia 1, 12

Ich und meine große Klappe

Für immer, oh Herr, ist dein Wort im Himmel gegründet [steht so fest wie die Himmel].

Psalm 119, 89

Ich bete an vor deinem heiligen Tempel und preise deinen Namen wegen deiner liebenden Güte und Wahrheit und Treue, denn über alles andere hast du deinen Namen und dein Wort erhoben, und du hast dein Wort groß gemacht über deinen ganzen Namen.

Psalm 138, 2

Er ist der alleinige Ausdruck der Herrlichkeit Gottes – des Lichtseins, des Ausstrahlens des Göttlichen – und er ist der perfekte Abdruck und das absolute Ebenbild seines [Gottes] Wesens, der das Universum durch sein mächtiges, kraftvolles Wort hochhält und aufrechterhält und führt und antreibt. Nachdem er unsere Reinigung von den Sünden und das Entledigen von Schuld bewirkt hatte, indem er sich selbst opferte, setzte er sich zur rechten Hand der göttlichen Majestät in der Höhe.

Hebräer 1, 3

Durch den Glauben erkennen wir, dass die Welten [durch die aufeinander folgenden Zeitalter hindurch] durch das Wort Gottes erschaffen [gebildet, zusammengefügt und für ihren Zweck ausgerüstet] wurden, so dass alles, was wir sehen, aus nicht sichtbaren Dingen geschaffen wurde.

Hebräer 11, 3

Am Anfang [vor allen Zeiten] war das Wort [Christus], und das Wort war bei Gott, und das Wort war Gott selbst.

Johannes 1, 1

Und das Wort [Christus] wurde Fleisch (menschlich, leibhaftig) und Stiftshütte – bereitete sein Zelt aus Fleisch, wohnte eine Zeit lang – unter uns, und wir haben [tatsächlich] seine Herrlichkeit gesehen – seine Ehre, seine Majestät; eine Herrlichkeit, wie sie ein eingeborener Sohn vom Vater empfängt, voller Gnade (Gunst, liebende Güte) und Wahrheit.

Johannes 1, 14

Sondern was sagt sie? Das Wort (Gottes Botschaft in Christus) ist dir nahe, auf deinen Lippen und in deinem Herzen; das

Bibelstellen zum Thema „Mund"

ist das Wort – die Botschaft, die Grundlage und das Objekt – des Glaubens, das wir predigen. Denn wenn du anerkennst und mit deinen Lippen bekennst, dass Jesus der Herr ist, und in deinem Herzen glaubst (festhältst an, vertraust in und dich auf die Wahrheit verlässt), dass Gott ihn von den Toten auferweckt hat, dann wirst du gerettet. Denn ein Mensch glaubt (hält fest an, vertraut in und verlässt sich auf Christus) mit dem Herzen und ist so gerechtfertigt (als gerecht erklärt, annehmbar für Gott), und mit dem Mund bekennt er – erklärt freimütig und spricht frei über seinen Glauben – und bestätigt [seine] Errettung.

Römer 10, 8–10

Und ihr werdet die Wahrheit erkennen, und die Wahrheit wird euch freisetzen.

Johannes 8, 32

Denn dieses Gebot, das ich dir heute gebiete, ist weder zu schwierig für dich noch ist es zu entfernt. Es ist nicht [ein verstecktes Geheimnis] im Himmel, so dass du sagen müsstest: Wer wird für uns in den Himmel hinaufgehen und es zu uns bringen, damit wir es hören und tun? Es ist auch nicht jenseits des Meeres, so dass du sagen müsstest: Wer wird für uns auf die andere Seite des Meeres hinüberfahren und es uns holen, damit wir es hören und tun? Sondern sehr nah ist dir das Wort, in deinem Mund und in deinem Verstand und in deinem Herzen, so dass du es tun kannst.

5. Mose 30, 11–14

Legt nun ab jede Spur von Bosheit (Verderbtheit, Bösartigkeit) und alle Täuschung und Unaufrichtigkeit (Verstellung, Heuchelei) und Groll (Neid, Eifersucht) und alles üble Nachreden und schlechtes Reden jeglicher Art. Wie neugeborene Babies solltet ihr begierig – danach dürsten, ernsthaft danach verlangen – nach der reinen (unverfälschten) geistlichen Milch, damit ihr durch sie aufgezogen werdet und wachset zur [vollständigen] Errettung.

1. Petrus 2, 1–2

Und nun, Brüder, überstelle ich euch Gott – das heißt, ich übergebe euch seiner Verantwortung, vertraue euch seinem Schutz und seiner Obhut an. Und ich befehle euch dem Wort

Ich und meine große Klappe

seiner Gnade an – den Geboten und Ratschlägen und Verheißungen seiner vnverdienten Gunst. Es hat die Kraft, euch aufzuerbauen und euch euer [rechtmäßiges] Erbe unter allen Ausgesonderten Gottes zu geben – denen, deren Seelen geweiht, geheiligt und umgewandelt sind.

Apostelgeschichte 20, 32

Also kommt der Glaube durch das Hören [dessen, was verkündigt wird], und das Gehörte kommt durch das Predigen [der Botschaft, die kam von den Lippen] Christi, des Messias [selbst].

Römer 10, 17

So soll das Wort, das aus meinem Mund geht, sein; es soll nicht leer – ohne Wirkung, nutzlos – zu mir zurückkommen, sondern es soll das vollbringen, was mir gefällt und was ich beabsichtige, und es wird ihm gelingen, wozu ich es gesandt habe.

Jesaja 55, 11

Und sie zogen aus und predigten überall, während der Herr mit ihnen mitwirkte und die Botschaft durch die Beweis bringenden Zeichen und Wunder bestätigte, die [sie] eng begleiteten. Amen – so sei es.

Markus 16, 20

Doch wir haben den gleichen Geist des Glaubens, wie der, der geschrieben hat: Ich habe geglaubt, darum habe ich gesprochen. Auch wir glauben und darum reden wir.

2. Korinther 4, 13

Und aus dem Erdboden bildete der Herr, Gott, jedes [wilde] Tier und alle lebenden Geschöpfe des Feldes und jeden Vogel des Himmels, und er brachte sie zu Adam, um zu sehen, wie er sie nennen würde; und wie auch immer Adam die lebenden Geschöpfe nannte, das war ihr Name.

1. Mose 2, 19

Darum gehe nun, und ich werde mit deinem Mund sein und dich unterweisen, was du sagen sollst.

2. Mose 4, 12

Der Herr, der das Wort seines Knechtes bestätigt und den Ratschlag seiner Boten ausführt; der von Jerusalem sagt: Sie

Bibelstellen zum Thema „Mund"

soll [wieder] bewohnt werden; und von den Städten Judas: Sie sollen [wieder] aufgebaut werden, und ich werde ihre Ruinen wieder aufrichten.

Jesaja 44, 26

Glaubst du nicht, dass ich in dem Vater bin und der Vater in mir ist? Was ich zu euch rede, sage ich nicht aus meiner eigenen Autorität und meinen eigenen Ansichten, sondern der Vater, der pausenlos in mir lebt, tut die Werke – seine Wunder, Taten seiner eigenen Kraft.

Johannes 14, 10

Ist mein Wort nicht wie Feuer [das alles, das die Prüfung nicht besteht, verzehrt]? spricht der Herr, und wie ein Hammer, der den Felsen [des hartnäckigsten Widerstandes] in kleine Stücke zerschmettert?

Jeremia 23, 29

Der Himmel und die Erde (das heißt das Universum, die Welt) werden vergehen, aber meine Worte werden nicht vergehen.

Lukas 21, 33

Denn durch deine Worte wirst du gerechtfertigt und freigesprochen werden, und durch deine Worte wirst du verdammt und verurteilt werden.

Matthäus 12, 37

Die Lippen der [kompromisslosen] Gerechten ernähren und leiten viele; aber die Narren sterben aus Mangel an Verständnis und Herz.

Sprüche 10, 21

Dieses Buch des Gesetzes soll nicht von deinem Mund weichen, aber du sollst Tag und Nacht darüber nachsinnen, damit du darauf achtest und danach handelst, nach allem, was darin geschrieben ist; denn dann wird es dir auf deinem Weg wohl ergehen, und dann wirst du weise handeln und Erfolg haben.

Josua 1, 8

Redet nicht mehr so voller Stolz; lasst kein arrogantes Wort aus eurem Mund kommen; denn der Herr ist ein Gott des Wissens, und von ihm werden Taten gewogen.

1. Samuel 2, 3

Ich und meine große Klappe

Möge der Herr alle schmeichelnden Lippen und die Zunge, die stolze Angebereien redet, abstellen.

Psalm 12, 3

Du hast mein Herz geprüft; du hast mich in der Nacht besucht; du hast mich erprobt und findest nichts – keinen bösen Beweggrund in mir; ich habe mir vorgenommen, dass mein Mund nicht sündigen soll.

Psalm 17, 3

Halte deine Zunge von Bösem fern und deine Lippen vor täuschender Rede.

Psalm 34, 13

Lass mich den Weg deiner Grundsätze verstehen; so werde ich über deine wunderbaren Taten nachsinnen und sprechen.

Psalm 119, 27

Du bist gefangen durch die Worte deiner Lippen, eingefangen durch die Rede deines Mundes.

Sprüche 6, 2

Eine nichtsnutzige Person, ein böser Mensch ist, wer umhergeht mit einem verdrehten [widerspenstigen, eigenwilligen] Mund.

Sprüche 6, 12

Lass alle, die dich suchen und nach dir verlangen, sich freuen und fröhlich sein in dir; lass jene, die deine Errettung lieben, stets sagen: Der Herr sei gepriesen!

Psalm 40, 17

Mein ganzes Sein soll gesättigt sein, wie von Mark und Fett, und mein Mund soll dich mit jubelnden Lippen preisen, wenn ich mich deiner erinnere auf meinem Bett und über dich nachsinne in den Nachtwachen.

Psalm 63, 6–7

Das Wohlgefallen des Königs sind gerechte und gerade Lippen; und er liebt den, der aufrichtig redet.

Sprüche 16, 13

Wer einen eigensinnigen und verschlagenen Verstand hat, findet das Gute nicht, und wer eine widerspenstige und eigenwillige Zunge hat, wird ins Unglück fallen.

Sprüche 17, 20

Bibelstellen zum Thema „Mund"

Wer zu einer Angelegenheit antwortet, bevor er sich die Tatsachen anhört, für den ist es Thorheit und Schande.
Sprüche 18, 13

Lass einen anderen dich rühmen und nicht dein eigener Mund; ein Fremder und nicht deine eigenen Lippen.
Sprüche 27, 2

Ein [selbstsicherer] Tor lässt seinen ganzen Unmut herausfahren, aber ein Weiser hält sich zurück und beschwichtigt ihn.
Sprüche 29, 11

Siehst du einen Mann, der sich mit seinen Worten überhastet? Für einen [selbstsicheren] Toren gibt es mehr Hoffnung als für ihn.
Sprüche 29, 20

Für alles gibt es eine bestimmte Stunde und für jedes Vorhaben oder jede Angelegenheit unter dem Himmel gibt es eine Zeit ... eine Zeit zum Schweigen und eine Zeit zum Sprechen.
Prediger 3, 1 und 7

Denn Jerusalem ist zerstört und Juda gefallen, weil ihr Reden und ihre Taten gegen den Herrn sind, um die Augen seiner Herrlichkeit zu reizen und seiner herrlichen Gegenwart zu trotzen.
Jesaja 3, 8

Dann wirst du rufen und der Herr wird antworten; du wirst um Hilfe schreien, und er wird sagen: Hier bin ich. Wenn du aus deiner Mitte fortschaffst das Joch der Unterdrückung [wo immer du es findest], den voller Spott ausgestreckten Finger [auf den Unterdrückten oder den Gottesfürchtigen] und jegliche falsche, harte, ungerechte und böse Rede.
Jesaja 58, 9

Lasst euer ja einfach ein ja sein und euer nein einfach ein nein; alles, was darüber hinausgeht, kommt von dem Bösen.
Matthäus 5, 37

Und siehe, du wirst stumm sein und weiterhin stumm bleiben, und nicht fähig sein zu sprechen bis zu dem Tag, wenn diese Sachen geschehen werden, weil du dem nicht geglaubt hast,

Ich und meine große Klappe

was ich dir gesagt habe; doch meine Worte sind so, dass sie zu der bestimmten und richtigen Zeit zustande kommen werden.

Lukas 1, 20

Darum freute sich mein Herz und meine Zunge jubelte überschwenglich; auch mein Fleisch wird in Hoffnung ruhen – wird sein Lager aufschlagen, sein Zelt aufbauen und in der Hoffnung wohnen [in der Erwartung auf die Entrückung].

Apostelgeschichte 2, 26

Tut alles ohne Murren und Kritisieren und Klagen [gegen Gott], ohne [unter euch] in Frage zu stellen oder zu zweifeln.

Philipper 2, 14

Und was auch immer ihr tut – ganz gleich, was es ist – in Wort oder Tat, tut alles im Namen des Herrn Jesus und in [Abhängigkeit von] seiner Person und preist durch ihn Gott, den Vater.

Kolosser 3, 17

Und setzt euren Ehrgeiz und euer ganzes Streben dafür ein, ruhig und friedlich zu leben, euch um eure eigenen Angelegenheiten zu kümmern und mit euren Händen zu arbeiten, wie wir euch geboten haben.

1. Thessalonicher 4, 11

Deshalb ermutigt (ermahnt, erbaut) euch gegenseitig und baut euch gegenseitig auf – stärkt einander und richtet euch auf –, wie ihr es ja auch tut.

1. Thessalonicher 5, 11

Da wir nun einen großen Hohenpriester haben, der [bereits] aufgefahren und durch die Himmel gegangen ist, Jesus, den Sohn Gottes, so lasst uns unser Bekenntnis [des Glaubens in ihm] festhalten.

Hebräer 4, 14

Versteht [dies], meine lieben Brüder. Jeder sei schnell zum Hören [ein aufmerksamer Zuhörer], langsam zum Reden und langsam zum Verärgertsein und zum Zorn.

Jakobus 1, 19

Bibelstellen zum Thema „Mund"

Redet nicht schlecht übereinander und klagt einander nicht an, [meine] Brüder. Wer einen Bruder verleumdet oder seinen Bruder richtet, verleumdet und kritisiert das Gesetz und richtet das Gesetz. Wenn du aber das Gesetz richtest, so bist du nicht ein Täter des Gesetzes, sondern ein Zensor und Richter [davon].

Jakobus 4, 11

Und sie haben ihn überwunden (bezwungen) aufgrund des Blutes des Lammes und durch das Aussprechen ihres Zeugnisses, und sie liebten und hingen am Leben nicht, selbst als ihnen der Tod drohte – weil sie ihr Leben als gering erachteten bis sie [dafür, dass sie Zeugnis gaben] sterben mussten.

Offenbarung 12, 11

Anmerkungen

Kapitel 1

[1] *Websters II New College Dictionary* (Houghton Mifflin Company, Boston 1995), unter „wisdom".

Kapitel 2

[1] W. E. Vine, Merrill F. Unger, William White Jr.: „New Testament Section". In: *Vine's Complete Expository Dictionary of Old and New Testament Words* (Thomas Nelson, Inc., Nashville 1984), unter „CONFIRM, CONFIRMATION A. Verbs, No. 1. BEBAIOO.

[2] Vine, A. Verbs, Nr. 3, KUROO.

[3] Vine, B. Noun, BEBAIOSIS.

Kapitel 3

[1] James E. Strong: „Hebrew und Chaldee Dictionary". In; *Strong's Exhaustive Concordance of the Bible* (Abingdon, Nashville 1890), Eintrag 1897, unter „meditate", Josua 1, 8.

[2] Strong, „Hebrew", Eintrag 7878, unter „meditate", Psalm 119, 148.

Kapitel 7

[1] Webster's II, unter „bridle".

[2] Webster's II, unter „bit".

[3] Für eine genauere Erklärung zu diesem Thema empfehle ich mein Buch *Das Schlachtfeld der Gedanken*.

Kapitel 10

[1] Vine, „New Testament Section", unter „slanderer."

[2] Webster's II, unter „slander".

[3] James Strong: „Greek Dictionary of the New Testament". In: *The New Strongs Exhaustive Concordance of the Bible* (Thomas Nelson, Inc., Nashville 1990).

[4] Vine, unter „DEVIL".

[5] Strong, „Greek" (Abingdon, 1890), Eintrag 3870.

[6] Strong, Eintrag 3875.

Kapitel 12

[1] *Webster's New World Dictionary of the American Language* (New World Publishing Company, 1969), unter „busybody".

[2] Webster's II, unter „busybody".

[3] Webster's II, unter „gossip".

[4] Vine, „New Testament Section", unter „slanderer".

[5] Webster's II, unter „slander".

[6] Webster's II, unter „whisper".

Kapitel 13

[1] Webster's II, unter „disposition".

[2] Vine, „New Testament Section", unter „CONVERSATION", „BEHAVE", „BEHAVIOUR"

[3] Hannah Hurnard: *Mountains of Spices.* Tyndale House, Inc., Wheaton 1979.

[4] Hurnard, S. 222–229

[5] Hurnard, S. 168–174

[6] Hurnard, S. 136–144

[7] Madame Jeanne Guyon: *Experiencing the Depths of Jesus Christ* (in Frankreich zuvor mit dem Titel: *Short and Very Easy Method of Prayer*). Copyright ©MCMLXXV by Gene Edwards (Gardiner, Maine: Christian Books).

Bibliografie

Guyon, Madame Jeanne: *Experiencing the Depths of Jesus Christ* (in Frankreich zuvor mit dem Titel: *Short and Very Easy Method of Prayer*). Copyright ©MCMLXXV by Gene Edwards. Gardiner, Maine: Christian Books.

Hurnard, Hannah: *Mountains of Spices*. Tyndale House, Inc., Wheaton 1979.

Strong, James: *The New Strong's Exhaustive Concordance of the Bible*. Thomas Nelson, Inc., Nashville 1990.

Strong, James. *Strong's Exhaustive Concordance of the Bible*. Abingdon, Nashville 1890.

Vine, W. E., Merrill F. Unger, William White Jr.: „New Testament Section". In: *Vine's Complete Expository Dictionary of Old and New Testaments Words*. Thomas Nelson, Inc., Nashville 1984

Webster's New World Dictionary of the American Language. New World Publishing Company 1969.

Webster's II New College Dictionary. Houghton Mifflin Company, Boston 1995.

The Amplified Bible. Marshall Pickering Holdings Group, a subsidiary of the Zondervan Corporation. Dasingstoke, Hants 1987.

Lutherbibel. Bibeltext in der revidierten Fassung von 1984. Deutsche Bibelgesellschaft, Stuttgart 1999.

Genfer Studienbibel. Altes Testament F. E. Schlachter Übersetzung © 1951, Neues Testament F. E. Schlachter Übersetzung © 2000. Hänssler Verlag, Holzgerlingen 1999.

Elberfelder Bibel. Revidierte Fassung, 2. Auflage. R. Brockhaus Verlag, Wuppertal 1992.

Über die Autorin

Joyce Meyer lehrt seit 1976 das Wort Gottes und steht seit 1980 vollzeitlich im geistlichen Dienst. Als Co-Pastorin im *Life Christian Center* in St. Louis, Missouri, entwickelte, koordinierte und lehrte sie wöchentliche Veranstaltungen, die als „Life in the Word" [Leben im Wort] bekannt wurden. Nach über fünf Jahren beendete der Herr diese Aufgabe und führte sie in die Gründung ihres eigenen Dienstes hinein, der *Life in the Word, Inc.* genannt wird.

Joyces Radio- und Fernsehsendungen von *Life in the Word* werden überall in den USA und in vielen anderen Ländern ausgestrahlt. Ihre Lehrkassetten finden international große Anerkennung. Ihr ausgedehnter Reisedienst umfasst zahlreiche „Life in the Word"-Konferenzen.

Joyce und ihr Ehemann Dave, der Geschäftsführer von *Life in the Word* ist, sind seit mehr als 32 Jahren verheiratet und Eltern von vier Kindern. Alle vier sind verheiratet und unterstützen mit ihren Ehepartnern den Dienst von Dave und Joyce Meyer. Joyce und Dave wohnen in Fenton, Missouri, einem Vorort von St. Louis.

Joyce glaubt, dass ihr Ruf darin besteht, die Gläubigen im Wort Gottes stark zu machen. Sie sagt: „Jesus starb, um die Gefangenen freizusetzen, und es gibt viel zu viele Christen, die in ihrem Alltag wenig oder gar keinen Sieg haben." Da sie sich selbst vor vielen Jahren in derselben Situation befand und die Freiheit gefunden hat, durch das angewandte Wort Gottes im Sieg zu leben, ist Joyce bestens dazu ausgerüstet, die Gefangenen freizusetzen und ihnen *Schönheit statt Asche* zu geben.

Joyce lehrte über emotionale Heilung und damit zusammenhängende Themen in Versammlungen in der ganzen Welt, wodurch sie Hunderttausenden von Menschen geholfen hat. Sie hat über 180 verschiedene Kassettenserien produziert und ist Autorin von 33 Büchern, die dem Leib Christi bei verschiedenen Themen als Hilfe dienen sollen.

Um die Autorin zu kontaktieren, schreibe, möglichst auf Englisch, an:

Joyce Meyer
Life in the Word Inc.
P. O. Box 655
Fenton, Missouri 63026
USA
Oder rufe an unter
001 314 349 0303

Bitte teile uns auch deine Zeugnisberichte mit oder wie dir das Buch geholfen hat, wenn du uns kontaktierst. Über deine Gebetsanliegen freuen wir uns ebenso.

Schönheit statt Asche
Empfange Heilung für deine Emotionen
Joyce Meyer
129427　　　　　　　170 Seiten

Es gibt unzählige Bücher über körperliche Heilung und jetzt auch endlich ein empfehlenswertes Buch über emotionale Heilung. Nicht auf der Basis von Psychologie, Meinungen oder Gefühlen, sondern auf dem unerschütterlichen Fundament des Wortes Gottes gegründet. Es ist keine theoretische Abhandlung, denn Joyce Meyer war selbst Opfer von körperlichem und sexuellem Missbrauch als Kind. Sie beschreibt die wichtigsten Wahrheiten, die Heilung in ihr Leben brachten. Sie können auch dich freisetzen.

Richtig mit Gefühlen umgehen
Wie du vermeidest, dass deine Gefühle bestimmen, was du tust.
Joyce Meyer
129428

Unsere Gefühle sind ein wichtiger Teil eines glücklichen, gesunden, erfolgreichen Lebens. Alle Emotionen von Liebe und Freude bis hin zu Zorn und Angst sind ein wichtiger Teil, um uns selbst und andere zu verstehen. Doch die Vielfalt an Gefühlen soll unser Leben unterstützen und nicht bestimmen. Durch ihre persönlichen witzigen Beispiele und lebensnahen Anwendungen bietet die Autorin in diesem lebensverändernden Buch die Schlüsselelemente aus Gottes Wort an, um dir zu helfen, mit deinen Gefühlen richtig umzugehen und sie in die richtigen Bahnen zu lenken.

Adullam Verlag
St.-Ulrich-Pl. 8
85630 Grasbrunn
Tel. (0 89) 46 88 01
Fax: (0 89) 46 20 17 90
www.adullam.de

Gerne senden wir den aktuellen Katalog über das ganze Sortiment, neue Bücher, Projekte und Termine zu.